Liao Dynasty Tombs
at Baoshan

修订版

宝山辽墓

材料与释读

Evidence and Interpretation

巫　鸿　李清泉

著

上海书画出版社

图书在版编目(CIP)数据

宝山辽墓：材料与释读/（美）巫鸿，李清泉著.--修订版.--上海：上海书画出版社，2023.7
ISBN 978-7-5479-3144-8

Ⅰ.①宝… Ⅱ.①巫… ②李… Ⅲ.①辽墓—墓室壁画—研究 Ⅳ.①K879.414
中国国家版本馆CIP数据核字（2023）第114158号

宝山辽墓:材料与释读（修订版）

巫鸿 李清泉 著

责任编辑	王　剑　眭菁菁　陈元棪
审　　读	曹瑞锋
责任校对	郭晓霞
封面设计	陈绿竞
技术编辑	包赛明

出版发行	上海世纪出版集团 上海书画出版社
地址	上海市闵行区号景路159弄A座4楼
邮政编码	201101
网址	www.shshuhua.com
E-mail	shcpph@163.com
制版	上海久段文化发展有限公司
印刷	浙江海虹彩色印务有限公司
经销	各地新华书店
开本	787×1092　1/16
印张	13.5
版次	2023年7月第1版　2023年7月第1次印刷
书号	ISBN 978-7-5479-3144-8
定价	98.00元

若有印刷、装订质量问题，请与承印厂联系

前　言

位于内蒙古赤峰市阿鲁科尔沁旗宝山村的宝山 1、2 号辽墓的发现，为古代中国美术史和东亚美术史的研究提供了极其宝贵的材料。这两座墓葬的建造时间约为 10 世纪 20 年代，是目前所知最早的辽代壁画墓。其中 1 号墓墓主葬于公元 923 年，即辽代建国后的第十六年。两墓墓主均为辽代皇室成员，墓葬结构复杂，中部都建有石室，墓壁和石室内外皆饰有大幅壁画。室内画幅根据榜题和图像可判定为描绘西王母见汉武帝的《降真图》、表现苏蕙（苏若兰）给夫君寄送手织"回文诗"的《寄锦图》和描绘一位贵妇（基本可确定是杨贵妃）教授白鹦鹉念诵佛经的《颂经图》。这些画面在已知古代墓葬中从未出现过，其规模之宏大、构图之严谨及用色之绚丽，均令人惊叹不已。大部分壁画保存相当完整，所饰金箔历千年后仍在幽暗的墓室里熠熠生光。

两墓发掘报告于 1998 年发表以后，墓中的精美壁画引起了美术史家的强烈兴趣，成为一系列专题论文的主题，也引起对某些画面内容的辩论。这些讨论基本上注目于壁画的文学题材，属于美术研究中的"图像志"范畴，但是它们引起了学者和美术爱好者对这两座墓葬的广泛注意，使我们观察问题、思考问题的角度和范围不断得以扩展和延伸。本书将宝山辽墓壁画放在墓葬整体中进行审视，讨论的重点包括绘画与建筑的互动和画像程序、绘画的风格与画者的身份以及壁画与墓葬赞助人的文化背景、当时政治环境及辽代礼仪风俗的联系。为了促进对这批珍贵历史文物和视觉资料的进一步研究，本书也收录了两墓的原始发掘报告和三篇已发表的重要论文，并提供了一批质量较好的图片。

在传统的中国朝代史中，10 世纪上半叶常常被描述为一个政治上分崩离析的"黑暗时代"的形象。公元 907 年，伟大的唐代最终在长期的衰落后土崩瓦解，其后五十三年间出现于原唐帝国疆域之内的一系列短命"朝代"和地方政权，使得这段十分短促的历史时期（907—960）得到了"五代十国"的名称。宋代历史家为了使新建立的中央政权得以正面化和合法化，往往对唐宋之间的分裂时期给以负面的历史评价。虽然这种评价严格说来只属于 11 世纪的观点而非 10 世纪本身，宋人对五代十国的观念却强烈、深刻地影响到其后的中国史学史。时至今日，许多历史教科书常常从唐代直接跳到宋代，五代十国时期不是被压缩成短短几段文字，就是完全被省略不计。

可是很显然，这一时期内艺术和视觉文化中的许多重要发展对这种传统看法提出了质疑。在绘画领域里，五代是中国绘画史中的一个关键时期。重要的地方绘画中心在这个时期出现，一些地方政权还建立了类似宫廷画院的机制，山水、人物、花鸟画中的关键画种和风格也得以形成。在陶瓷艺术中，工匠们发展出烧制高温透明釉以及其他种类瓷器的工艺技术。这些精美的器物被广泛传播，得到亚洲各地人们的称赏。在文本复制技术上，雕版印刷的各类文献与经典出现于 940 年左右，正值五代十国中期。在宗教美术方面，无数佛教、道教的庙宇和石窟寺修建于此时，至今仍有大量遗迹见存于西北的敦煌和西南的四川等地。类似的创造力也见于墓葬艺术中——近年来在长城内外的不同地区都发现了属于这个时期的大型墓葬。其中不少墓葬属于由契丹人于 907 年建立的辽帝国，埋藏其中的精美壁画和器物反映出一个高度发达的艺术传统，同时也见证了与其他地区文化艺术传统之间的联系。在这个广阔的史学层次上看，宝山辽墓不但改变了以往对辽代初期艺术水平和风格的理解，而且也为我们思考 10 世纪东亚地区的文化交流和艺术发展提供了极其重要的形象资料。

本书的编写得到了宝山辽墓发掘报告执笔者齐晓光先生的支持和协助，并得到罗世平、吴玉贵二位先生的同意，将其大作收入书中。上海书画出版社的王剑、眭菁菁编辑对整本书的设计和编排提出了宝贵意见。对此我们致以衷心的谢意。

巫　鸿

2013 年 3 月 15 日

目　录

宝山辽墓的释读和启示

巫 鸿

在越来越多的辽代墓葬被发现以前，人们对"辽"（或"契丹"）丧葬习俗的理解主要是通过文献，特别是通过一些似乎是基于实地观察的记述。因此美国学者夏南悉（Nancy S. Steinhardt）把这类文献材料中隐含的直观记述者称为"准人类学家"。[1] 最常被引用的两条文字出于《旧唐书》和《虏廷事实》。前书卷一九九下《契丹传》载："其俗死者不得作冢墓，以马驾车送入大山，置之树上，亦无服纪。子孙死，父母晨夕哭之；父母死，子孙不哭。"实际上这个说法不仅见于《旧唐书》，唐初编写的《北史》（卷九四《契丹传》）和《隋书》（卷八四《北狄、契丹传》）里已经有类似说法："父母死而悲哭者，以为不壮，但以其尸置于山树之上，经三年之后，乃收其骨而焚之。"[2] 但是，这个观察最先是由谁提出来的？所记述的习俗是往旧或当时的情况？各书编者对于这些问题都语焉不详，初唐以后大抵是转相传抄而已。比较起来，虽然《虏廷事实》的作者南宋人文惟简没有留下什么生平事迹可考，但是从这部笔记的书名和所记内容来看，他所谈到的各种契丹风俗应该是亲自在辽地看到或听到的（下面引文中有关对耶律德光遗体的处理，应该属于"听到"一类）。书中"丧葬"条下所记的契丹葬式相当具体，而且已经得到了考古材料的证实：

> 北人丧葬之礼，盖各不同……惟契丹一种，特有异焉。其富贵之家，人有亡者，以刃破腹，取其肠胃，涤之实以香药盐矾，五彩缝之，又以尖苇筒刺于皮肤，沥其膏血且尽，用金银为面具，铜丝络其手足。耶律德光之死，盖用此法，时人目为帝羓，信有之也。[3]

---

1 Nancy S. Steinhardt, *Liao Architecture* (Honolulu: University of Hawaii Press, 1997), p.242.

2 《北史》作者为李延寿，唐初相州（今河南安阳）人。他也参与了修撰《隋书》，因此可以说明二书中这个记载的相同。

3 《说郛》卷八引；又见《旧唐书》，北京：中华书局，1975年，第5350页。

5

但不管这些文献记载的细致程度和可信程度如何，它们作为历史材料都存在一个共同的问题，即它们都是从当时中原汉人的角度去观察和记述的。由于观察者采取了"外在者"的身份，他们在观察和记述的时候也就不可避免地集中在契丹文化之"异"上。而这种"华夷之辨"的立场又往往混杂着相当强的文化优越感，因此《北史》和《隋书》在记载契丹葬俗之后特别加上一句："其无礼顽嚚，于诸夷最甚。"在这种视角下，契丹和中原文化之间的"同"以及交流、融汇的现象也就不可避免地被忽视和排斥了，根据这种视角所写的现场观察也就无法为研究文化之间的互动和融合提供可靠的原始材料。换句话说，如果说这些历史记载隐含了"准人类学"的直观记述的话，那么这种直观眼光的焦点、方向和范围已被记录者的自我身份所限定。

从这里我们就可以理解辽代墓葬对历史研究的一个最重要的意义：这些墓葬的发掘和分析终于使研究者得以跳出传统文献所隐含的"华夷"身份设定，直接面对历史。这些墓葬的建造和使用者有的是契丹人，有的是在辽代任职和身居辽地的汉人。在这个基本分类之下，还有身份、地位、职业、时期、地域等诸种不同。因此每一座辽墓所反映的不是抽象和普遍的文化异同，而是多元历史和文化互动的具体现象。对这些墓葬进行研究的出发点应该是发掘它们自身的历史特殊性和主体性，而不是以考古成果去证明往旧文献中相当贫乏的记载。这种新的以考古资料作为研究基础的观点在近年中已经催生出相当可观的学术成果，使我们对辽代文化艺术的丰富性以及与周边文化——包括中原文化——的关系有了不断更新的理解。[4] 但是由于发掘资料之迅速积累以及研究力量和方法的相对滞后，墓葬所提供的许多原始材料尚未得到仔细的分析、消化和综合。要想充分发挥它们作为美术史证据的价值，尚需要做大量的基础性研究工作，以每个墓葬为单位，对它的建筑、壁画、随葬品和葬俗进行整合性的分析。

这种"中层研究"的方法也决定了这篇绪论的基本方向，[5] 其讨论

4　除了相当多的展览图录外，对辽代艺术的专题研究包括 Shen Hsüeh-man（沈雪曼）："Body Matters: Manikin Burials in the Liao tombs of Xuanhua, Hebei Province", *Artibus Asiae*, vol. LXV, no. 1, pp. 99-141；李清泉：《宣化辽墓：墓葬艺术与辽代社会》，北京：文物出版社，2008 年；张鹏：《辽墓壁画研究》，天津：天津人民美术出版社，2008 年等。

对象是位于内蒙古赤峰阿鲁科尔沁旗宝山村的 1、2 号辽墓。这两个墓葬的建造时间约为 10 世纪 20 年代，属于目前所知最早的辽代壁画墓。自 1998 年发表发掘报告以来，[6] 其精美的壁画引起美术史家的强烈兴趣，成为一系列专题论文的主题。这些研究主要聚焦于 2 号墓中两幅仕女画的内容和来源，因此基本上属于"图像志"的范畴。本文的研究并不完全摆脱这个学术传统，但是希望能够扩展对宝山墓研究的内涵和范围，把建筑形制、画像程序、当时的政治环境以及画者的身世情感纳入思考对象之中。文章分三部分：第一部分考虑两座宝山墓葬的建筑形制，追溯其与中原墓葬及早期鲜卑墓葬的双向关系；第二部分结合建筑形制探讨两墓的画像程序，提出每座墓含有"内""外"两个既分割又联系的图像空间，其中绘制了在内容、风格和象征功能上都十分不同但又相辅相成的两组图像，通过观察两墓壁画的细微差异，进而考虑选材和墓主性别的关系以及"主顾"的作用；绘画的实际创作者随即成为第三部分所考虑的重点，即从 2 号墓壁画题诗中的"征辽"一语出发，我们提出宝山墓的壁画在其特殊的政治环境中可能具有多层复杂含义，而墓中"内""外"图像空间所使用的不同题材和艺术风格也显示出这些壁画是中原和契丹画家共同创作的结果。

一、墓葬

这两座辽墓位于辽上京以南 30 公里的一座墓园内。长方形的墓园纵约 200 米，宽约 170 米。墓园东墙和南墙上原来各设门楼，建有瓮城。南门宽 9 米，较东门宽阔，旁设屋宇，应为正门。墓地正中在不久以前还有一高土堆，散布于地表的砖瓦和其他建筑遗存说明此处原设有礼仪性建筑。总体看来，这个墓园的规格相当高，绝非一般官宦家庭所能拥有，

---

5 关于美术史中"中层研究"方法的讨论，见巫鸿：《国外百年汉画研究之回顾》，《中原文物》1994 年第 1 期，第 48-49 页。

6 内蒙古文物考古研究所、阿鲁科尔沁旗文物管理所：《内蒙古赤峰宝山辽壁画墓发掘简报》，《文物》1998 年第 1 期，第 73-95 页。

而宝山1号墓中的一通墨书题记则提供了这一规格的确切理由。题记曰："天赞二年癸未岁，大少君次子勤德年十四，五月廿日亡。当年八月十一日于此殡。故记。"【图1，见彩图40】

天赞二年是公元923年，也就是辽代建国后的第十六年，耶律阿保机称帝后的第六年。《旧五代史》和《契丹国志》均记载阿保机有三个儿子，幼子安端在当时被称为"少君"。[7] 据此，墓主勤德有可能是安端之子、阿保机之孙。但有些历史学家对此抱有不同意见，一种看法是"少君"实际上是阿保机的末弟而非幼子；另一种看法是"少君"或"大少君"是泛称而非专名，可指皇子一级的其他人物，宝山1号墓的墓主可能是契丹钦德可汗的嫡子。[8] 但不管是哪种说法，都认为这个墓葬属于辽代或契丹皇族的重要成员。从考古和美术史的角度看，支持这一推测的证据还包括了该墓建筑之奢华以及在遗物中发现的曾经用来装殓勤德尸体的银丝网络残片。

2号墓死者的身份不详，但遗骨由科学化验得知属于一位成年女性。由于墓中出土了一块写有契丹小字题记的石头，而这种文字是在10世纪20年代中叶左右创制的，因此墓葬的建造年代应该比1号墓稍晚。但因为两座墓在建筑形制、画像安排和绘画风格等方面都存在许多联系，2号墓也不可能比1号墓晚很多，估计建于930年之前，也属于辽代初期。发掘者根据2号墓在墓园里更靠中心的位置，推测其墓主可能是"大少君的夫人之一"。[9] 与1号墓相同，2号墓的装饰极其奢华，甚至在壁画中使用了更多的金箔。绘于1号墓东壁上的鞍马，以及绘于该墓石室北壁上的家具与武器，其金属构件均以金箔装潢【见彩图25、34、35】；同样的材料不但用来装饰2号墓石室壁画中的女性形象，而且还大量用于室顶团花图案中，千余年之后仍灼灼生光【见彩图55、79】。这种超级豪华的装饰风格即便在目前所知历代最高级别的墓葬当中，也是罕见的。两墓虽然在发掘前已被盗掘，但是发掘者在残存遗物中仍然发现了金丝和流金錾花饰物以及金环等物件，说明原来一定使用了相当数量的纯金和鎏金器物陪葬。这些证据都

图1 宝山1号辽墓石室西壁壁画中的墨书题记

进一步证实了死者的身份不同一般。根据这些证据和推论，这个墓园可以被初步断定为属于辽代皇室成员，可能是安端一支的茔地。

虽然这两座墓葬的建筑结构相当一致，但是如果仔细比较，我们仍可以发现在规格和葬制上的四个明显差异：【图2】

（1）方向不同：1号墓南向；2号墓东向。

（2）大小有别：1号墓全长为22.5米，墓室宽5.42米，深5.84米；而2号墓整个小一号：全长19.25米，墓室宽4.9米，深4.45米。

（3）墓室形状不同：1号墓为抹角方形，靠近墓门的两角更形成流畅的弧线，整个墓室几乎是方、圆之间的形状；而2号墓墓室则为规整矩形，四角均作90度直角。

（4）建筑细节繁简有异：1号墓具有更为精致的墓门，上筑歇山顶门楼，两侧有仿木结构的翼墙；而2号墓的门楼则相对简化，且无构造细致的翼墙。

这些不同之中的若干方面，如尺寸和墓门构造的不同，都反映出有意识的等级区别，应该和墓主的性别和身份有关，而这种刻意的区别进一步反映出墓地的整体计划遵照了某种特定的礼制规定。但另一些区别，如墓室形状和方向的差异，则似乎另有所据，其原因有待于进一步研究。

这两座墓葬相当一致的建筑设计，所反映的应该是辽代初期高级贵族使用的一种葬制。墓前均有一条铺砖的墓道，墓道尽头处为门庭和仿木结构的墓门。门内为一短短甬道，与券顶墓室相接。两座墓最特殊之处是墓室内所建的"棺室"，其中设有紧靠后壁的砖砌棺床，棺床上原有木制葬具，发掘者根据其遗存提出可能是"木雕彩绘小帐"。[10] 但小帐是否在10世纪20至30年代已经产生和流行，则还是一个有待研究的问题。两墓整体以砖营造，但是中央棺室的材料则是整块的石板。1号墓石室建在墓室正中，与后壁分离。宽1.73米的室门正对着甬道和墓门，有门额、门柱、门槛、门墩和两扇带锁的石门扇。室内空间为2.76米深，2.6

7　《旧五代史》卷一三七《外国列传》；《契丹国志》卷一四《东丹王传》。
8　同注6，第94页。
9　同注6，第94页。
10　同注6，第76页。

9

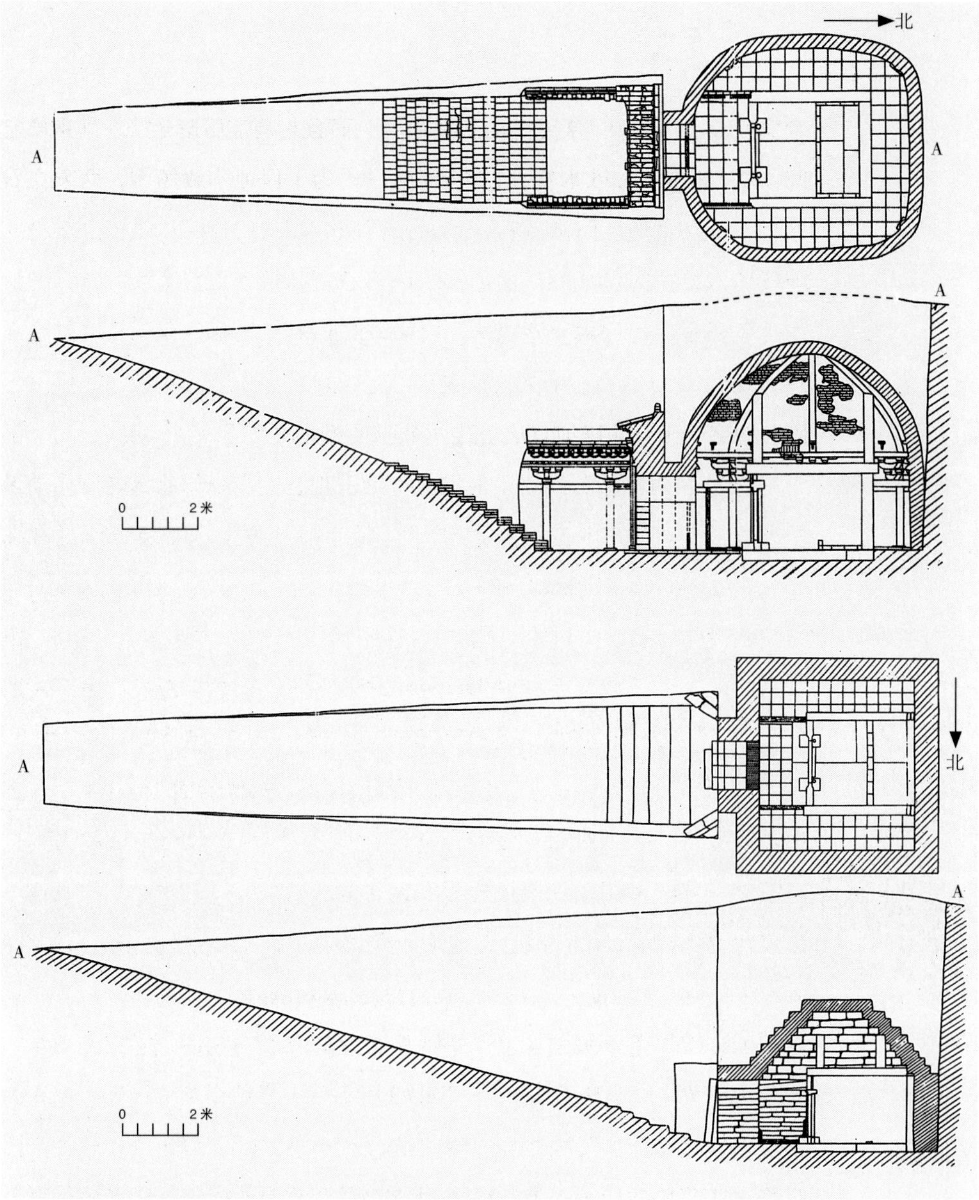

北

0 2米

A

A

0 2米

北

A

A

图 2

图 3

图 2　宝山 1 号辽墓（上图）、
2 号辽墓（下图）平、剖面图
图 3　宝山 1 号辽墓墓室西壁
与石室西侧外立面上的仿木构
彩绘装饰

米宽，2.6 米高。[11] 2 号墓的石室稍小，而且与墓室后壁连接，其室内空间为 2.7 米深，2.45 米宽，1.96 米高。[12] 为了保证不致倾倒，两墓在石室和墓顶及墓壁之间都以石柱和过梁固定。石室的外观和支撑梁架进而施以仿木结构的彩画【图 3，见彩图 3】，石室门楣也画有木纹。其目的似乎是既要采用远比木材坚固的石材来建造棺室，又要保存木构建筑的形态和观感。2 号墓石室的两扇门遍涂红色，上方以贴金楷书写"朱门""永固"四字，十分明确地点出了这两个似乎相悖的希望。

追溯这两座墓葬的建筑原型，不难发现它们和中原北部晚唐墓葬风格有着密切关系。将宝山 1 号墓和位于北京海淀区八里庄的王公淑墓【图 4】做一比较，我们可以看到同一类型的斜坡墓道，砖雕影作仿木墓门和墓门两侧的门墙，弧角方形墓室，还有类似的雕砖仿木结构。[13] 与宝山辽墓相同，王公淑墓中的棺床也位于北墙之前，因此与棺床常置于西墙前的关中唐墓有所区别。王公淑墓建于 646 年，早于宝山辽墓八十年左右。可以相当肯定地说，这座墓所代表的晚唐河北一带的墓葬建筑风格为宝山辽墓提供了一个中原方面的先例。此外，宝山 2 号墓棺床后面的墙壁上画有一幅牡丹图，发掘报告形容为"全图以绿叶簇拥的牡丹为主体，白色花蕊，浅红色花蕾及花朵。左右上角以对称形式绘黄鹂、彩蝶、蜻蜓"。【图 5，见彩图 78】而王公淑墓的棺台后是一幅题材完全相同的绘画：一株硕大的牡丹立于中央，右上角是两只飞动的蝴蝶，残毁的左上角原来应有对称的黄鹂或蜻蜓图像。[14]【图 6】类似的牡丹花图又见于位于河北曲阳的王处直墓，位置也是在棺床之后，表现的也同样是蜂蝶禽鸟飞翔围绕着一簇茂盛的牡丹。【图 7】王处直墓的年代是 924 年，比宝山 2 号墓可能只略早几年。王处直是 10 世纪初以河北定州为统治中心的一个重要北方军阀，其头衔包括义武军节度使、太原王、北平王。他的墓中棺台后的牡丹图与宝山 2 号墓棺台后的牡丹图在题材和绘画风格上均极为相

11 发掘报告说该石房"南北长 3.7 米、东西宽 3.16 米，高 2.36 米"。与内部尺寸难以调和，似乎有误。见注 6，第 75 页。
12 发掘报告说该石房"东西长 3.2 米、南北宽 2.97 米，高 2.18 米"。见注 6，第 83 页。
13 北京市海淀区文物管理所：《北京海淀区八里庄唐墓》，《文物》1995 年第 11 期，第 45-53 页。
14 同注 13，第 46 页。亦见罗世平：《观王公淑墓壁画〈牡丹芦雁图〉小记》，《文物》1996 年第 8 期，第 77-83 页。

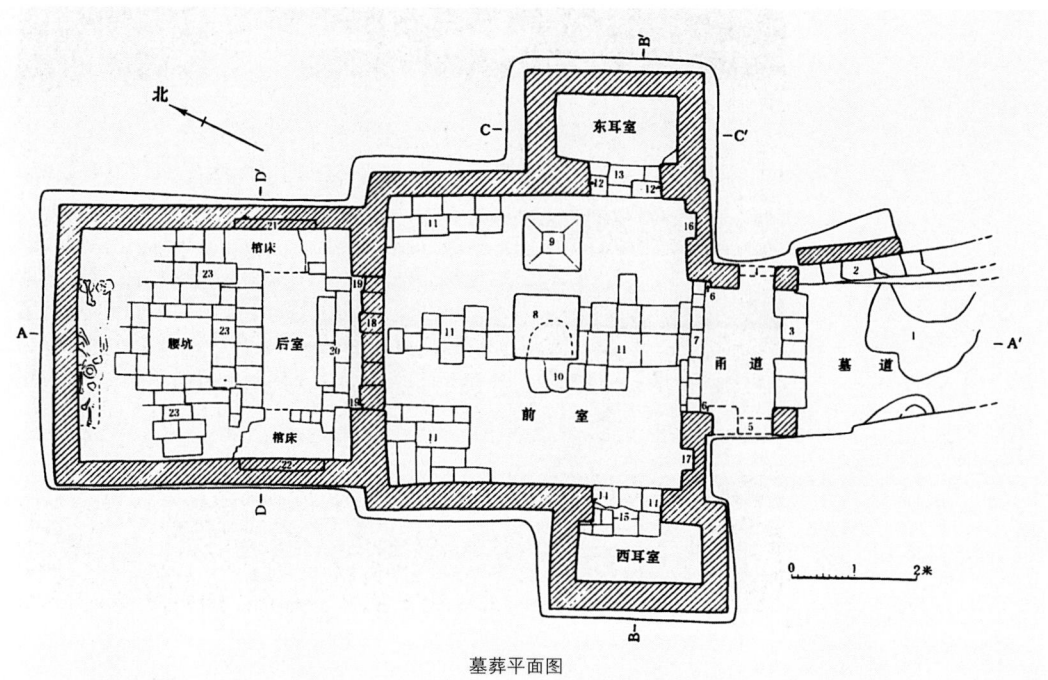

墓葬平面图

1、10. 原生石　2. 生土台　3、18. 封门石　4、5、16、17、21、22. 壁龛　6、12、14、19. 门槽　7、20. 台阶
8. 志石　9. 志盖　11、13、15. 铺地石　23. 棺床

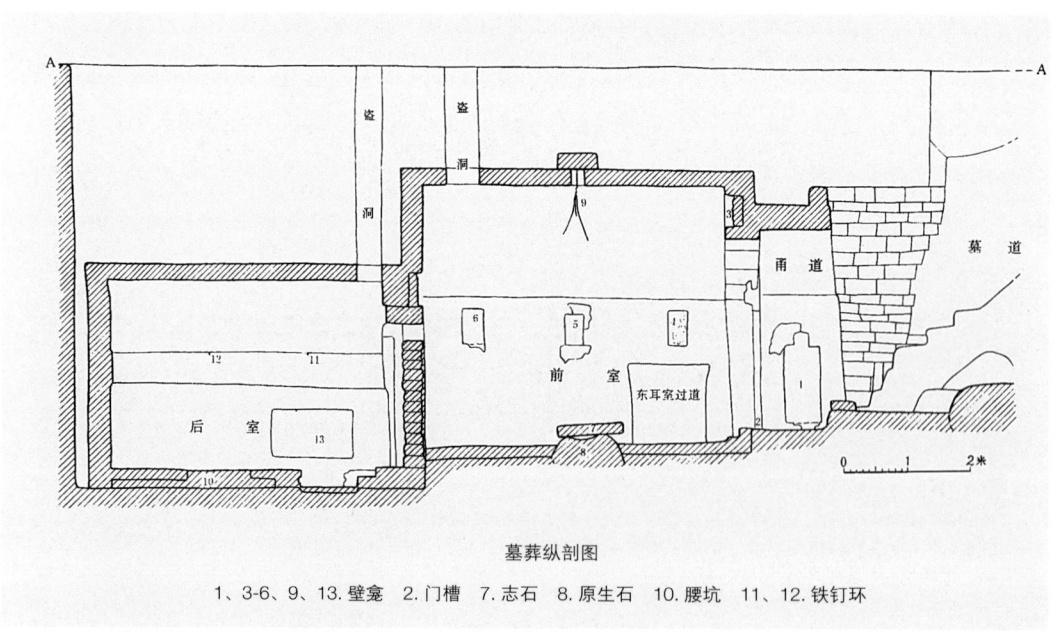

墓葬纵剖图

1、3-6、9、13. 壁龛　2. 门槽　7. 志石　8. 原生石　10. 腰坑　11、12. 铁钉环

图 4　河北曲阳五代王处直墓平面图、纵剖图

图 5

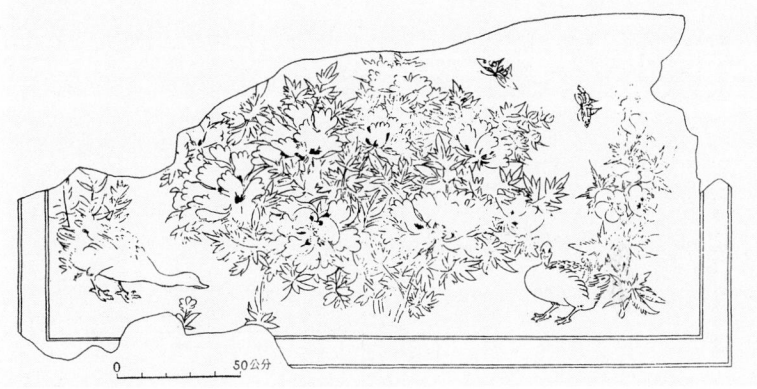

图 6

图 5　宝山 2 号辽墓
石室内西壁之牡丹图
图 6　北京海淀区八
里庄唐王公淑墓背屏
花鸟壁画线描图
图 7　河北曲阳五代
王处直墓后室北壁牡
丹壁画线描图

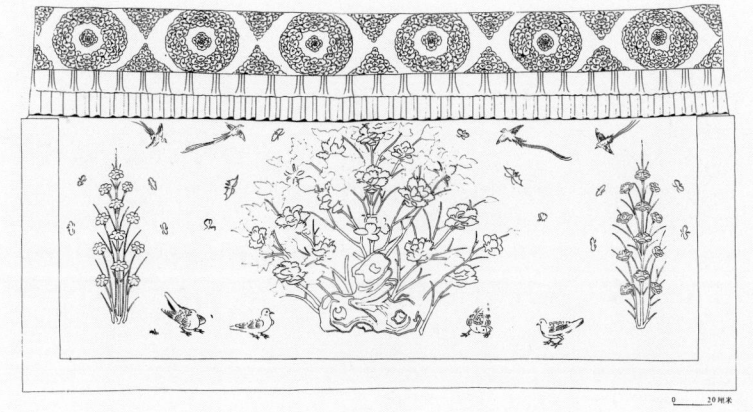

图 7

似，证明在当时墓葬艺术中，特别是在高级墓葬的装饰中，漠北和中原间存在着非常密切的联系。我在后文中将谈到，宝山1号墓石室中的壁画，包括两壁的大幅叙事画和这幅牡丹图，很可能是由中原来的画家制作的。

但是宝山辽墓和晚唐五代的中原墓葬又有着一个非常不同的地方，即多出了一个后者所没有的石棺房。这种位于墓葬中心的石室看来是宝山墓地的一个共同特征——除了1、2号墓以外，20世纪50年代在同一墓园中发现和勘察过的另一个墓葬也具备同样的建筑结构。[15]但是值得注意的是，这种石室既不见于早一些的契丹墓葬，也不是10世纪中期及以后高级辽墓的特征。[16]那么为什么在辽初这个特定时期，在这个可能是属于辽代皇室的墓园中出现了这种特殊的石室呢？而且为什么建墓者又把这个建筑因素与来自中原汉文化的墓葬结构结合在一起呢？这些问题引导我们追寻历史上的例子，看看是否能够找到这种石室的渊源。

在进行这个调查以前，我们需要明确宝山墓中石室的两个主要特征，一是它在正面中央安装有可以开合的门扇，二是室内棺台前具有足够的空间陈放祭品甚至容人站立。这两个特点应该与它们的礼仪功能有着直接的联系，因此其前身既不可能是汉代至北魏的容积有限、仅可容尸的石棺，也不可能是唐代用作"套棺"的庑殿式石椁。与之最接近的例子是发现于北魏墓葬中的一种室内建筑，我曾将之称为"房型椁"。[17]目前至少发现了九个这样的例子，时代都在5世纪晚期到6世纪初期之间。其中八座为石质，一座为木构。大部分的例子发现于北魏首都平城附近，墓主为鲜卑人或任职于北魏朝廷的官员。具有确定纪年的最早一例是尉迟定州墓中的石室。尉迟是北魏时期地位很高的鲜卑大姓，死者身前官职为"莫堤"，

---

15 李逸友：《阿鲁科尔沁旗水泉沟辽代壁画墓》，《文物参考资料》1958年第2期，第72页。

16 比宝山墓稍晚的辽代高级墓葬以会同元年（938）东丹国左相耶律羽之和应历九年（959）驸马卫国王萧沙姑墓为代表。二者均没有这种石室。发掘报告见《文物》1996年第1期，《考古学报》1956年第3期。参见刘未：《辽代契丹墓葬研究》，《考古学报》2009年第4期。但需要说明的是，石棺室在10世纪中期以后并没有绝迹。如下文将要讨论到的，近日在位于辽宁朝阳市姑营子的耿崇美及其妻耶律夫人合葬墓（4号墓）中发掘出一个石、木混用的石室，可以看作是宝山墓中石室的遗殇。

17 关于对这几个北魏墓及其石室的讨论，见巫鸿：《"华化"与"复古"——房型椁的启示》，《礼仪中的美术》，北京：三联书店，2005年，第659-671页。关于新发现的尉迟定州墓，见大同市考古研究所：《山西大同阳高北魏尉迟定州墓发掘简报》，《文物》2011年12期，第4-12页，51页。

18 参见殷宪、刘俊喜：《北魏尉迟定州墓石椁封门石铭文》，《文物》2011年第12期，第47-54页。

死于 457 年。[18] 北魏迁都后的一例是在洛阳附近发现的宁懋石室。宁懋，字阿念，据墓志载其祖先来自西域，很可能也不是汉人。八座石室中构造最复杂的一例出于 477 年的宋绍祖墓。宋绍祖为北魏官员，该墓是一座带有长甬道的方形单室墓，左、右、后壁略微弧出。【图 8】石室立于墓室中央，高 2.40 米，宽 3.48 米。其外形模仿木构建筑，设有四柱前廊，上承横枋和斗栱。室内有一高起的 U 形平台，围绕着一块空地。房正面设石门，门扉和房屋外墙上装饰二十二个浮雕铺首和大约一百个圆形乳钉。内壁原有彩绘壁画，但只有北壁上的部分形象尚能看清，描绘的是弹琴和奏阮的乐者。【图 9】

　　虽然这个石室和宝山墓中的石室并不完全等同，但是它们的许多方面，包括在墓中的位置、大小、仿木结构以及可能具有的盛尸和陈放祭祀品的双重礼仪功能，都有着相当大的一致性。宝山墓中用来支撑石室的彩画过梁也使人想起宋绍祖石室的仿木梁枋。其他一些北魏"房型椁"用整块石板搭建，【图 10】这也是宝山墓采用的建筑方式。这些联系究竟是纯属偶然还是具有某种历史的原因？换言之，在辽初建国的时刻，是否契丹皇室中的某些人有过一种回归北魏礼仪的企图，把数百年前由拓跋鲜卑所建的这个朝代的墓葬文化中的某种因素吸取到自己的礼制建筑中去呢？

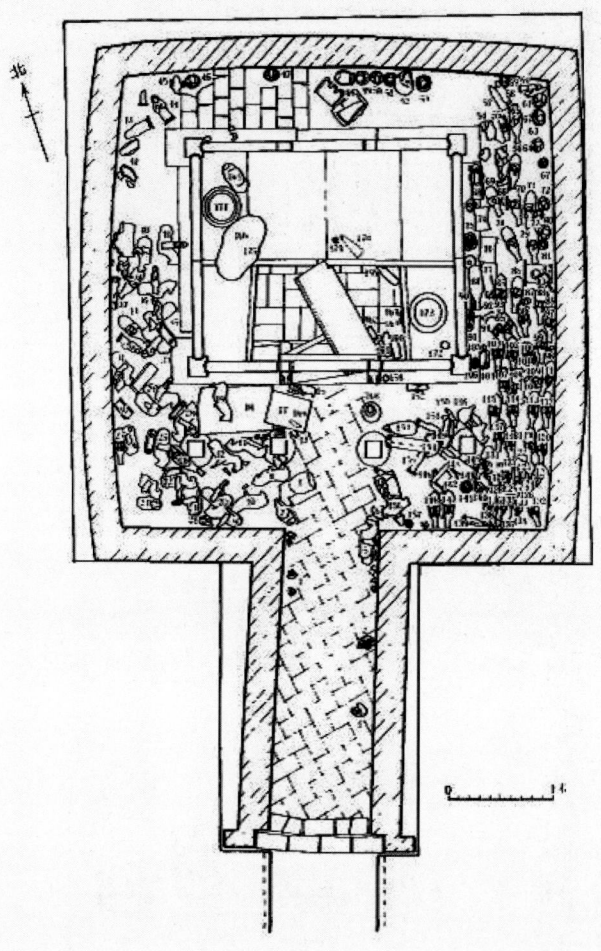

图 8　山西大同市北魏宋绍祖墓（M5）墓葬平面图及器物分布情况

石椁正面

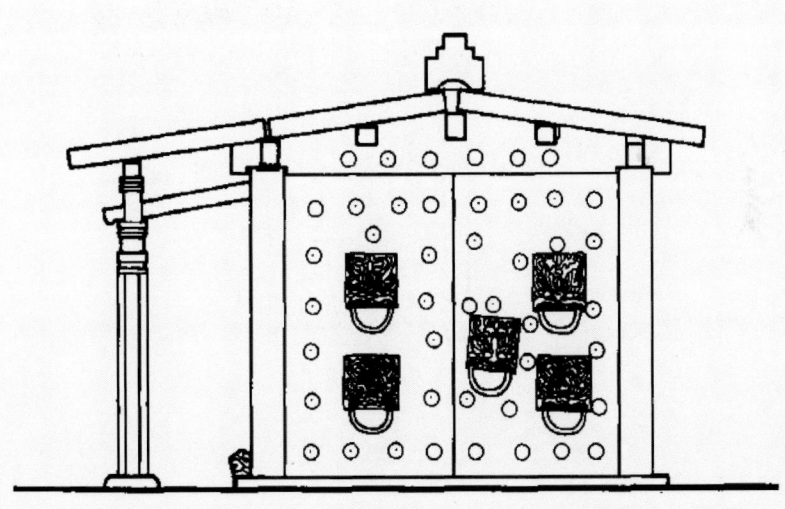

石椁东侧面

图9　山西大同市北魏宋绍祖墓石椁正面图、侧面图

在回答这个问题的时候，我们应该考虑到两方面的历史情况：一是鲜卑与契丹之间的历史关系；二是辽代契丹皇室对于自己起源和世系的建构。这两个方面既有联系，又有本质的区别，前者关注的是民族沿革的史实，后者考虑的是特定民族政权对自己历史的书写。关于第一点，大部分学者根据《辽史》中的记载，认为鲜卑和契丹有着极其密切的关系，契丹应出于鲜卑的一支。关于第二点，有证据说明，"契丹出于鲜卑"这个说法实际上是辽代的官方理论。据载，辽代开国以后就着意编修自己的历史。太祖阿保机设"监修国史"的官职，圣宗时又编修了《实录》，至辽末天祚帝时，监修国史的耶律俨进而编订了太祖诸帝的《实录》。现存元代编纂的《辽史》在追溯辽代世系时参考了辽代史官及以往《（北）周书》中的说法，把契丹的缘起上溯到鲜卑，进而推至华夏中原遥远的神话时代。如《世表》中说：

> 庖牺氏降，炎帝氏、黄帝氏子孙众多，王畿之封建有限，王政之布濩无穷，故君四方者，多二帝子孙，而自服土中者本同出也。考之宇文周之书，辽本炎帝之后，而耶律俨称辽为轩辕后。俨志晚出，盖从《周书》？盖炎帝之裔曰葛乌菟者，世雄朔陲，后为冒顿可汗所袭，保鲜卑山以居，号鲜卑氏。既而慕容燕破之，析其部曰宇文，曰库莫奚，曰契丹。契丹之名，见于此。[19]

同书《帝统·契丹先世》包括了有关契丹与鲜卑历史关系更详细的记录：

> 汉：冒顿可汗以兵袭东胡，灭之。余众保鲜卑山，因号鲜卑。魏：青龙中，部长比能稍桀骜，为幽州刺史王雄所害，散徙潢水之南，黄龙之北。晋：鲜卑葛乌菟之后曰普回。普回有子莫那，自阴山南徙，始居辽西。九世为慕容晃所灭，鲜卑众散为宇文氏，或为库莫奚，或为契丹。元魏：契丹国在库莫奚东，异族同类，东部鲜卑之别支也，至是始自号契丹。[20]

根据这些历史信息，我们可以推想：宝山皇室成员墓地中出现与时代隔绝的北魏墓葬十分相像的因素，应该不是偶然的现象，而很可能是一种有意为之的行动，目的在于建构和确立其族属来源和文化传承。根据同一道理，既然辽代皇室把自己的世系上溯到鲜卑和炎帝或黄帝，他们的墓葬也自然应该混和鲜卑文化和中原汉文化的不同因素。也就是说，宝山墓所显示的与中原及鲜卑墓葬建筑的双向关系，与辽代自身历史建构的两个方向可以说是完全吻合的。

与此有关的是，宝山墓石室以及辽代皇族对其历史的着意建构，也可能和当时的一种特定礼制建筑有关，并进而与辽代的祖先崇拜及丧葬礼仪有关。自 20 世纪上半叶起，位于内蒙古赤峰市巴林左旗的一个著名的"石房子"就成了辽代研究者的讨论热点。【图 11】关于他们的不同论点在这里不加详述，有兴趣的读者可以参阅中外研究者对这些论点所作的总结。[21] 值得在此提出的是与本文有关系的三个方面。第一，这个"石房子"在形态和建筑方法上与宝山墓中的石室似有类似之处：石房由七块花岗岩拼成，前面留有一门，房内有石床。第二，这个建筑的功能与祖先崇拜礼仪有关。根据张松柏和冯雷的研究，它原来所处的地点是祖州城内西北角的一个高台上。【图 12】祖州在辽上京西南，是阿保机建立的祭祀先祖的地方。夏南悉因此认为这个石房子实际上是辽代皇室的祖庙。[22] 葛华廷不全然反对这个看法，但是认为石房子首先是停放阿保机的灵柩的"权丧之所"，随后才成了辽代皇室祭祀祖先的"神帐"。[23] 第三，一些学者注意到古代鲜卑族也曾以"石房"祭祀祖先，因此提出契丹石屋可能是延续了这一传统。[24] 这三个方面都对思考宝山墓葬中石室的来源和意义有所启发。

19　《辽史》，卷六三。

20　同注 19。

21　葛华廷：《辽祖州石室考》，《北方文物》1996 年第 1 期，第 30-35 页；Nancy Shatzman Steinhardt, *Liao Architecture*, pp. 247-250.

22　见 Nancy Shatzman Steinhardt, *Liao Architecture*，p.250.

23　葛华廷：《辽祖州石室考》，第 32 页。

24　张松柏：《辽祖州石室之谜》，《赤峰日报》1992 年 3 月 7 日第 4 版。但是需要提到：鲜卑的"石房"并非人造建筑，而可能是利用天然岩洞。

图 11　辽上京祖陵附近的石房子

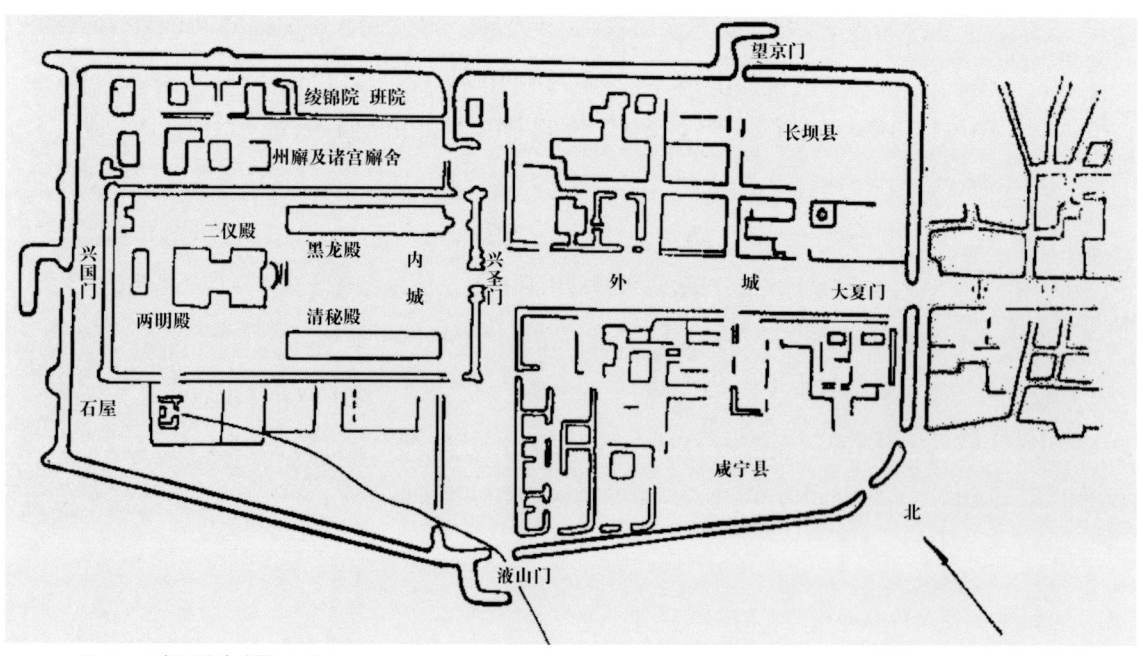

图 12　辽祖州城遗址平面示意图

最近发表的位于辽宁朝阳市姑营子的耿氏家族茔地的考古材料，进一步提供了宝山墓石棺室在辽代中期延续的例子。[25] 据发掘报告，发现于2002年的耿氏家族4号墓有一个墙面微弧的近方形主室。【图13】室内后部四分之三的面积以砖砌平台，台上原来立着一座由五块石板拼接而成的石室，正壁设有0.72米宽的门。由于发现的石材中缺乏顶部，并根据平台上遗存的木构件，发掘者估计原来的室顶应为木制。发掘报告没有给出石室的尺寸，但是根据石板的尺寸（北壁石板1.62米高、3.7宽；东、西壁石板各1.62米高、2.36米宽，均0.09米厚），石室外围应为1.62米高、南北5.72米长、东西3.7米宽；内部应为1.62米高、南北5.54米深、东西3.52米宽。整体比宝山1、2号墓中的石室要小一些，但仍可容人。根据出土的墓志，墓主耿崇美死于辽天禄二年（948），但是这座墓是在他的妻子卫国夫人耶律氏在保宁二年（970）死后，于当年"重移旧墓，别筑新坟，公与夫人合葬焉"的结果。从建筑结构上看，这个石室不具有与宝山1、2号墓中支撑石室的过梁，而是由转角处刻有凹槽的方形石角座固定，在建筑技术上更为成熟。但它与宝山石棺室之间的互相关系是十分明显的：三者均为平顶，正面有门和门槛，门侧画侍者立像，室内后、左、右三壁均画有大幅壁画。据报告，耿氏家族4号墓石室中的后壁以赭黄打底，红色边框中画有太湖石和枝叶茂盛的花卉，上方和两侧是飞翔的禽鸟。【图14】这幅画因此和宝山2号墓石室（以及王处直墓）同一地点的壁画如出一辙。【图5、6、7】发掘简报中还记载了这个石室的"西侧石板中部绘有八个人物，人物四坐四立，周围绘山水树木。东侧石板中部绘七个人物，周边绘山水树木及楼阁"[26]。虽然内容尚不明确，但显示出与宝山1、2号墓石室两壁人物画的相似。

耿氏家族4号墓建于宝山墓的数十年之后，其石、木混用的棺室似乎结合了木质小帐的因素。实际上小帐也发现于耿氏家族墓地。迄今为止，这个墓地中的四座墓葬已被发掘，除了耿崇美夫妻合葬墓（4号墓）和墓

25　朝阳博物馆、朝阳市城区博物馆：《辽宁朝阳市姑营子辽代耿氏家族3、4号墓发掘简报》，《考古》2011年第8期，第31-45页。

26　同注25，第42页。

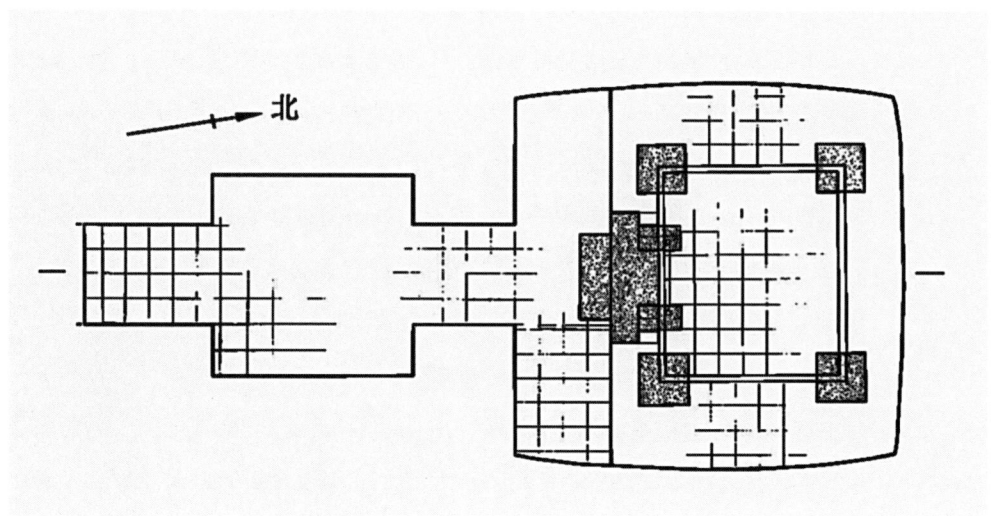

图 13　辽宁朝阳市姑营子辽代耿氏家族 4 号墓平面图

图 14　辽宁朝阳市姑营子辽代耿氏家族 4 号墓石棺室北侧石板壁画

主不详的 3 号墓以外，其他两座墓葬分属死于 1019 年的耿延毅（1 号墓）和死于 1026 年的耿知新（2 号墓）。[27] 石棺室只见于 4 号墓，其他三墓中设置的都只是木结构的小帐。[28] 考虑到 4 号墓的建造时期已经处于小帐的流行阶段，[29] 它之所以采用石棺室可能是有意地延续一种较为早期的辽代墓葬习俗。其原因可能是由于耿延毅死于 1019 年，死后曾经正式埋葬，在二十余年后又"别筑新坟"。所筑之新坟非常可能有意地保留了原来墓葬的一些因素——墓志铭中的"重移旧墓"一语明确地透露了这个信息。但是在"重移"时也不免结合 10 世纪 70 年代的技术和葬式，因此将棺室的部分材料改换为木质。如果这个推测能够成立的话，那么这座石、木混用的棺室就不一定完全代表了 10 世纪 70 年代的一种标准样式，而只能作为一个特例看待。因此，有关壁画石棺室在辽代流行的时间问题，也仍然是一个有待更多考古材料证明的悬案。

二、图像程序

如上所述，宝山 1 号墓中的石室位于墓室正中。但它不是一个孤立的建筑，而是被纳入一系列以门户相分割的空间之内。【图 2】进入墓葬正门，短短甬道（1.62 米长）的对面是一道木门，其作用是界定墓室的起点。这道门的后面是一个四面都是门的长方形过渡空间。面前朝南的门是石质的，也就是石棺室的门，通向石室中的"内部空间"。左右两边的门是木制的，通到围绕石室的一个"外部空间"。我们因此可以把整个墓葬的空间划分为三个既关联又分隔的部分：一是从墓门到石室门，沿着中轴线建构的门道和过渡空间【图 15，A 空间】；二是围绕石室的环形

27　朱子方、徐基：《辽宁朝阳姑营子耿氏墓发掘报告》，《考古学集刊》第 3 期，中国社会科学院出版社，1983 年。

28　3 号墓棺床上出土大量朽烂木板，发掘者估计部分为小帐遗存。见注 25。

29　出土小帐的辽墓包括辽宁北票泉巨涌墓、辽宁法库叶茂台墓、耶律延宁墓等，其年代为 10 世纪中晚期以后。见张洪波、李智：《北票泉巨涌辽墓发掘简报》，《辽海文物学刊》1990 年第 2 期；辽宁省博物馆、辽宁铁岭地区文物发掘小组：《法库叶茂台辽墓纪略》，《文物》1975 年第 2 期；辽宁省博物馆文物工作队：《辽代耶律延宁墓发掘简报》，《文物》1975 年第 7 期。

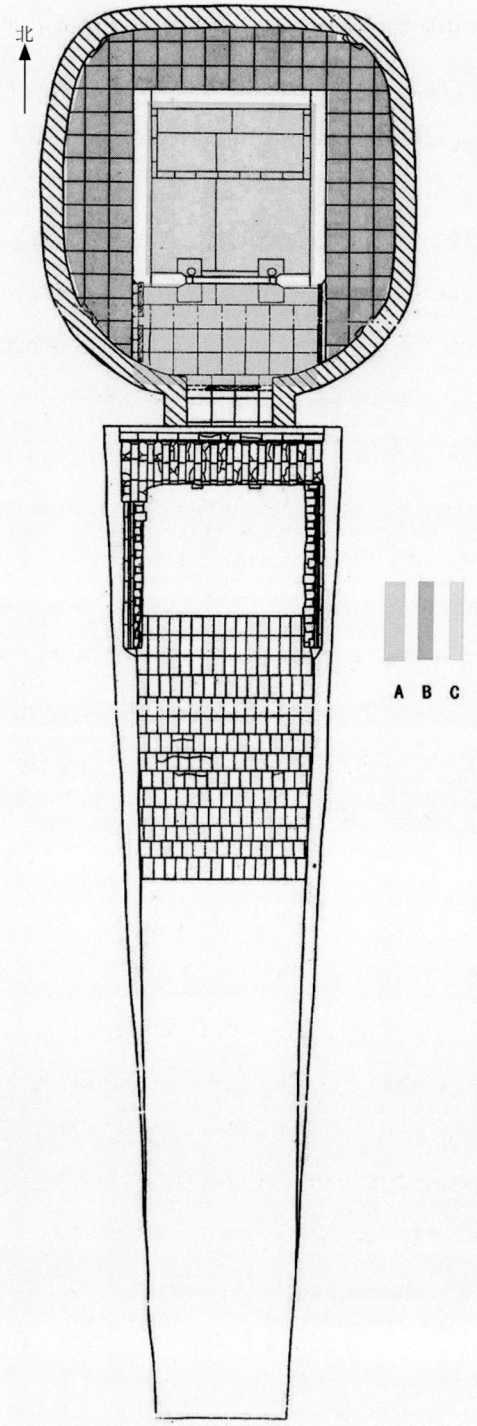

北

A B C

图 15 宝山 1 号辽墓平面分区图

外部空间【图 15，B 空间】；三是石室中的近方形内部空间【图 15，C 空间】。这些空间中所饰的壁画为理解其象征意义提供了进一步的线索。

绝非偶然的是，这三个空间中的绘画形象属于三个不同的类型。A 空间中的是第一类形象，包括三对近人高的男女门吏和侍者。他们沿着中轴线站立，胁侍于墓葬和石室的门侧。第一对立像出现在进入墓门后的两侧墙壁上。东侧为戴黑色幞头、着褐色团花锦袍、行叉手礼的男吏，其深目勾鼻的瘦削面孔明显为非汉族特征。【图 16，见彩图 9】发掘报告将西侧人像定为"女仆"。【图 17，见彩图 11】但根据其所着的短袍和腰间所悬短匕，这应该是一个年轻的男吏。第二和第三对人像分别胁侍于石室入口的内外两侧。石室外部是两个男性，石室内部则是一男一女。每一组合中的左方人物均为着黑袍、戴幞头的男侍。女像绘于门西侧，是长发垂肩、身穿团花长袍的女侍。【图 18，见彩图 30】她在此处的出现应该与石室内部空间的私密性质有关。

第二类形象为 B 空间内的日常生活图像。墓室西壁上一组七人一字排开。除了一个有着皱纹的中年人以外，大都是年轻人，身穿简朴无饰的衣服，或恭谨地行叉手礼，或端着饮食及日用器具。【图 19，见彩图 13】考古报告将其中的短发形象称作"女仆"，不一定正确。这七人的服饰基本相同，而且六个短发年轻人和对面墙上所画的驭者在面型和发式上也完全一致，表现的应该是墓主的男性贴身侍者。对面的东墙上绘有三匹马及牵马驭者。当首一匹马的辔头和鞍具尤其华丽，以金箔装饰金属构件。很明显，这匹马所表现的是墓主人的珍贵坐骑。【图 20，见彩图 23、25】墓室后壁西侧绘有一个放有杯盘饮食的黄色方形矮桌，与东、西两壁上的画面一起把 B 空间定义为墓主的生活起居之处。【图 21，见彩图 19】但是后壁正中所画的半启的门户则可能具有另外的象征意义，引导人们想象门后所隐含的空间。学者对于汉代到金、元时期墓葬中的"半启门"图像已经做了相当多的研究，难以在这里就此题目展开进一步的讨论。[30]但是有两点需要说明：宝山辽墓是在墓室后壁上描绘这

---

30 对于这个图像的最新研究，见李清泉：《空间逻辑与视觉意味——宋辽金墓"妇人启门"图新论》，巫鸿、郑岩主编《古代墓葬美术研究》（第一辑），北京：文物出版社，2011 年，第 329-362 页；郑岩：《论"半启门"》，《故宫博物院院刊》2012 年第 3 期，第 16-36 页。

图 16 图 17 图 18

图 16　宝山 1 号辽墓前室
南壁墓门东侧男吏形象
图 17　宝山 1 号辽墓前室
南壁墓门西侧的女仆形象
图 18　宝山 1 号辽墓石室
内部南壁西侧的女仆形象
图 19　宝山 1 号辽墓墓室
西侧廊侍者队列
图 20　宝山 1 号辽墓墓室
东壁驭者牵马图
图 21　宝山 1 号辽墓墓室
北壁西侧宴桌图

种图像的一个较早的例子，因此格外值得注意；此外，在这个墓的"半启门"图像旁边有一犬一羊。发掘报告说："黄犬项系悬铃，头探向门外，似作迎候状。西侧（按：原报告所言之"西侧"，应为"东侧"之误）一山羊尾随其后。"【31】这一组合的意义也有待进一步考证。

　　总体来说，B 空间内所绘的人像均为具有强烈写实风格的当时契丹人物，他们穿着典型的契丹服装并留有契丹发式，一些男女侍者的面容富于个性，好像真人肖像，【图 16、18】使得这个空间作为"生活空间"的含义更为明确。与此形成强烈对照的是，石室内部的 C 空间则以相当不同的线描赋彩的绘画风格描绘了来自中原的历史和神话故事。东墙上的大幅壁画上书有橘黄色界框中的"降真图"三字，应是该壁画的题目。【图 22，见彩图 31】画面中的人物亦各有榜题：左下方是长髯束发、面如冠玉的"汉武帝"，身前的几案陈放着三足鼎和托盘等物。他坐在方形矮榻上，正在迎候着乘云而来的一列仙女。起首的一位仙女是高髻华妆的"西王母"。她手持蟠桃，是准备赠给武帝的礼物。人物周围点缀树木竹篁，右上方是一

31　同注 6，第 80 页。

图 19

图 20

图 21

带绵延起伏的山峦，画面空旷辽阔，蕴含着对仙人的期待和对这一愿望的许诺。这幅壁画的内容无疑是《汉武帝内传》中的一则著名故事：

> 元封元年（公元前110年）四月戊辰，武帝迎西王母承华殿前。但见西王母在群仙女簇拥中冉冉从空中下降，文采鲜明，光仪淑穆，带灵飞大绶，腰佩分景之剑。头上华鬈，戴太真晨婴之冠，履元琼凤文之鞋。视之年可三十许，修短得中，天姿掩蔼，容颜绝世，真神人也。

故事随后叙述西王母由仙女董双成搀扶登上承华殿，与汉武帝相谈移时，赠送给武帝《五岳真形图》及四个蟠桃。负责装饰宝山1号墓石室的画师将"降真"和"赠桃"这两个情节浓缩在了一起，构成一幅完整的图画。值得注意的是，图中西王母身后还跟随了另外三个仙女。虽然所附榜题中的姓名或称谓已经残损或被破坏，但榜题的存在说明她们应是有名有姓的历史或神话人物。【图23，见彩图32】紧随着西王母的仙女身形稍矮，发髻的形状也较为简单，榜题中的第一字似是"董"。这个仙女因此应该是董双成。随后两个高髻仙女残存榜题中的最后一字均为"后"。这两个人因此可能是古代的著名后妃，随同西王母一同前来与武帝会面。唐代的《周秦行记》记述了一个幸运男子与历代美人相见的故事。在这篇假托为牛僧孺所写的传奇里，作者以特有的机遇得与汉文帝薄太后及戚夫人、王昭君、杨贵妃、石崇园中的绿珠、东昏侯宫中的潘美人等美女相会，并由薄后安排昭君侍寝。宝山1号墓《降真图》所表达的是一个类似的男性幻想。

图 22

与这幅画相对的石室西墙上的壁画损害比较严重，看得出来的部分包括几名面朝画面内部围坐的男子，包括一个秃顶僧人，一名戴方巾的道者，和一个榜题为"刘楚"的戴黑色展脚幞头的文士。这些人坐在木墩或石座上，有的似乎正在高谈阔论，有的则似乎在洗耳恭听。【图24，见彩图39】发掘报告将其称为《高逸图》，可能是因为感到这些

图 23

人物以及周围的高树湖石显示出与《竹林七贤图》这类传统绘画题材之间的某种联系。[32] 但最近李清泉先生向我建议：这幅画集中了儒、道、释的人物形象，可能在内容和性质上与宣化辽墓中发现的《三教会棋图》有关，【图25】而且宝山1号墓中也出土了盗墓者遗留下来的蚌质围棋子。我感到这是一个很有见地的看法。但是由于这幅壁画残缺过甚，也因为"刘楚"的名字不见于文献记载，欲达到最后的结论还需要更多的证据和比较材料。

如果把B区和C区中的绘画——也就是石室内、外两个空间中的画像——联系起来观察的话，我们可以看到它们在内容和绘画风

---

32 同注6，第82页。这个意见被罗世平所肯定，见《辽墓壁画试读》，《文物》1999年第1期，第82-85页。

33 同注6，第86页。

图 24

图 25

格上的区别指示出这两个空间的不同象征意义。石室外的空间延续了现时态中的人类饮食起居的活动，而石室内的画像则是把这个由石板封闭的空间转化为一个虚幻的、超越现实生活的历史和神话的领域。这一观念的区分通过不同的艺术手段得到实现：中国古典的文学题材和绘画形象充满了石室内的空间，而现实生活中的契丹形象则被用来建构石室外的空间。宝山1号墓中的这个基本的画像程序也掌控了2号墓的壁画设计——这个墓的石棺室里也装饰了中国古典文学题材的大幅绘画。至于棺室外 B 区的画面，虽然此墓中这部分的墙面大部分脱落了，但根据残片中发现的痕迹，发掘者认为"其题材类似于1号墓所描绘的生活场景"。[33]

因此，这两个墓葬的画像程序都以"日常生活"和"历史/传说"这个二元构架为基础。但是，两墓在具体画面的选择和安排上又反映出一些重要的不同。造成其区别的首要原因是死者的性别。两墓石室前门的内外两侧都各绘有一对站立的门吏或侍者。墓门人像均为男性，但石室内侍者则性别不同：1号墓中是一男一女【图 26-1，见彩图 29、30】，2号墓是一对女性【图 26-2，见彩图 52】。这也就是说：在1号墓中心的私密空间中，男墓主仍有女侍或姬妾服侍，但2号墓中的女性内部空间则不能有男性的存在。同样非常明确的是，由于1号墓的墓主是男性，石室内左右壁上的两张大幅绘画也都以男性人物为主人公。2号墓的墓主是女性，位于同样地点的两幅壁画

图 22　宝山1号辽墓石室内东壁壁画《降真图》
图 23　宝山1号辽墓石室内东壁壁画《降真图》（局部）
图 24　宝山1号辽墓石室内西壁壁画《高逸图》
图 25　河北宣化7号辽墓后室门楣上方壁画《三教会棋图》

因此以女性历史人物为中心。

同样的原因也决定了石室后壁图像的选择。由于1号墓中的这幅画包括了家具和陈设等图像，发掘者把它定名为《厅堂图》。【图27，见彩图33】这当然是可以的，但需要指出的是：这张画所表现的并不是一个简单的室内景象，而是象征墓主灵魂所在的"位"。这个象征意义是由画的位置和内容两个因素决定的。以位置而论，它位于尸床的后方，紧邻棺台，实际上与棺台上陈放的棺椁及墓主遗体形成了一个处于"主位"的共同体；以内容而论，画中的两个主要形象是放置在华丽地毯上的一把短腿座椅和椅前的桌几。两件家具的装饰均极其富丽堂皇，角、腿处贴金，椅面和靠背上绘

图 26-1

图 26-2

有精致繁复的团花和禽鸟图案。无论是色彩之绚丽还是描绘之入微，都显示了座椅所有者的高贵身份。而红面黑腿的桌几上所摆放的盘、碗、筷和高足盏，又暗示了这个座椅并不是"空"的，而是承载着墓主的灵魂，暗示着他正在享用着永不竭尽的供奉。在中国墓葬艺术中，这种表现"位"的图像源远流长，甚至可以追溯到千年以前。[34]

这幅画中的其他两组形象也象征着墓主的身份及其灵魂的在场。一组图像出现在几案左侧，包括悬挂在墙上的弓囊、箭筒和宝剑，均装饰华丽。值得注意的是这把红带黑鞘的宝剑为传统汉式，有云纹剑格，似非实用器，

---

34 有关这一图像传统的讨论，见巫鸿：《黄泉下的美术：宏观中国古代墓葬》，北京：三联书店，2010年，第66-88页。

图 27

图 28

而是贵族身份的象征。另一组图像出现在座椅后侧的一个矮几上，包括一把拂尘、一张弓和三支羽箭。弓箭的频频出现一方面突出了契丹贵族好猎尚武的习俗，另一方面也指示出墓主的男性身份。与之对照，属于女性墓主的 2 号墓的石室后壁上则描绘了蜂蝶围绕的一大簇牡丹花。【图 28，见彩图 77】同一石室的顶部也被花卉覆盖：中间是缠枝花组成的大型花环，花茎和花蕊贴金，盛开的鲜花由层次鲜明的绿叶簇拥着。【图 29，见彩图 79】此外，这个墓中，在石室上方的圆形封顶石上又画了另一个大型团花图案，由七朵宝相花围绕着中央的莲花。【图 35，见彩图 46】鲜花的形象在属于女性的 2 号墓中的不同部位上反复出现、相互影映。比较起来，虽然团花图案也装饰着 1 号墓石室顶部的中心，但它不但被大大缩小，而且由一幅生动的《云鹤图》所环绕：四只白鹤首尾相顾，在白色的云朵间翱翔。【图 30，见彩图 47】这种与道家思想有关的图像从唐代起就被作为升仙的象征，用来装饰高级墓葬。

与 1 号墓石室左右壁上的简单榜题有别，2 号墓石室两侧的壁画各有一首题诗，而且保存相当完整。若干学者已经结合这份珍贵资料，对两幅画的内容进行了详细的考证，我在这里不再重复，有兴趣的读者可以直接阅读收在本书中的吴玉贵先生的两篇具有奠基意义的文章。简言之，2 号墓石室北壁画面的中心是一名坐在案前

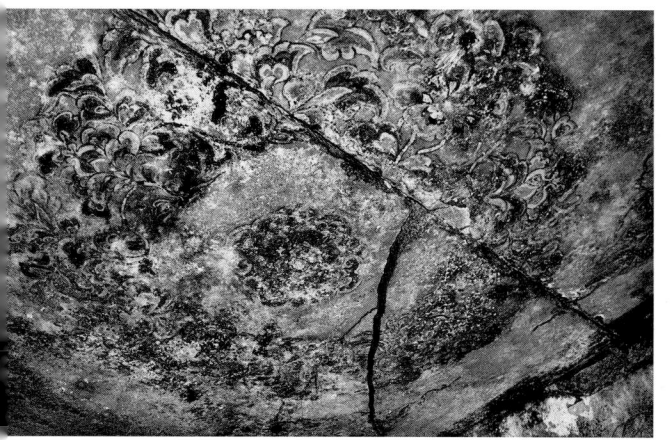
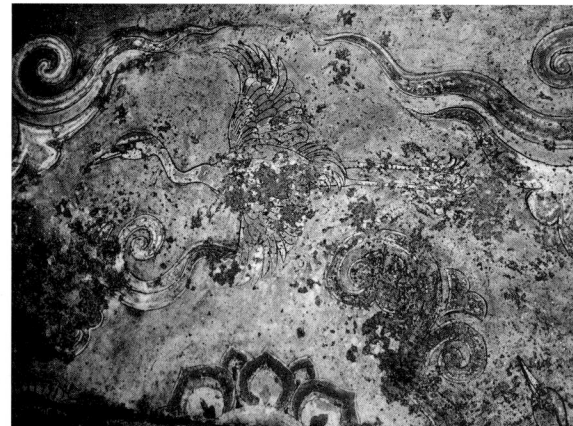

图 29 　　　　　　　　　　　　　　　　　　　图 30

的贵妇，正在阅读一个展开的写着文字的卷子。【图 31，见彩图 69】一只洁
白的鹦鹉立在卷旁，正在专心聆听。贵妇前立四人，当前二人是向女主人
拱手恭立的侍女。后二人头戴展脚幞头，发掘报告认为是"男吏"，但也
可能是着男装的宫廷女官。另两个女侍站立于贵妇身后，一执扇，一捧金
光闪耀的净盆。周围的场景包括了棕榈、芭蕉、竹子等北方不见的草木，
前景中是盛开的鲜花和剔透的太湖石。所描绘的季节因此在盛夏，而地点
则应该是位于南方的一处皇家园囿。画面右上角长方形界框中题诗一首：

> 雪衣丹觜陇山禽，
> 每受宫闱指教深。
> 不向人间出凡语，
> 声声皆（是）念经音。

　　根据这首题诗以及画中的形象，吴玉贵认为画中贵妇是著名的杨贵妃，
而全画所表现的则是《明皇杂录》中记载的一则传说。该书为生活在唐朝
中叶的郑处诲所著，包括杨贵妃教习名叫"雪衣娘"的一个神奇鹦鹉背诵《多

35　吴玉贵：《内蒙古赤峰宝山辽墓壁画〈颂经图〉略考》，《文物》1999 年第 2 期，第 81-83 页。
36　漆红：《"织锦回文图"——宝山二号辽墓壁画的画题、其绘画史的意义について》，《美術史論叢》
　　2001 年第 17 期，第 111-132 页。

图 31

心经》的故事。[35]原文为：

> 开元中，岭南献白鹦鹉，养之宫中，岁久，颇聪慧，洞晓言词。
> 上及贵妃皆呼为雪衣女〔娘〕。性既驯扰，常纵其饮啄飞鸣，
> 然亦不离屏帏间。上令以近代词臣诗篇授之，数遍便可讽诵。
> 上每与嫔御及诸王博戏，上稍不胜，左右呼雪衣娘，必飞入局
> 中鼓舞，以乱其行列，或啄嫔御及诸王手，使不能争道。忽一
> 日，飞上贵妃镜台，语曰："雪衣娘昨夜梦为鸷鸟所搏，将尽
> 于此乎？"上使贵妃授以《多心经》，记诵颇精熟，日夜不息，
> 若惧祸难，有所禳者。上与贵妃出于别殿，贵妃置雪衣娘于步
> 辇竿上，与之同去。既至，上命从官校猎于殿下，鹦鹉方戏于
> 殿上，忽有鹰搏之而毙。上与贵妃叹息久之，遂命瘗于苑中，
> 为立冢，呼为鹦鹉冢。

图 29　宝山 2 号辽
墓石室内天顶中央部
位的团花图案
图 30　宝山 1 号辽
墓石室内顶部《云鹤
图》
图 31　宝山 2 号辽
墓石室内北壁《颂经
图》（局部）

旅日学者漆红最近提出了一个新的观点。漆红不同意吴玉贵
所作的图像学判定，认为这幅画所描绘的实际是武则天和名叫雪衣
女的一只鹦鹉的故事。[36] 其主要根据来自明代李诩所著的《戒庵

33

老人漫笔》，书中记载了这样一则传说：

> 唐武后畜一白鹦鹉，名雪衣，性灵慧，能诵《心经》。厚爱之，
> 贮以金丝笼，不离左右。一日戏曰："能作偈求解脱，当放出笼。"
> 雪衣若喜悦状，须臾朗吟曰："憔悴秋翎似颜衫，别来陇树岁时深。
> 开笼若放雪衣女，常念南无观世音。"后喜，即为启笼。居数日，立
> 化于玉球纽上。后悲恸，以紫檀做棺，葬于后苑。[37]

漆红的一个证据是故事中雪衣女（娘）所吟的诗和宝山 2 号墓壁画中
的题诗，在用词和句法上都有相似之处。比如"岁时（或岁月）""雪衣""陇
山（或"陇树"）等语出现在两首诗中，而题诗中的"声声皆（是）念经音"
和武则天轶事中的"常念南无观世音"也显示出某种平行关系。我感到虽
然这些观察都很有意思，但尚不足以证明这个创作于辽代的墓室壁画所表
现的竟是一个写作于明代的故事。实际上，有关鹦鹉的传奇在唐代非常流
行，不下数十个例子，[38] 武则天和鹦鹉的关系也不止于一种轶事。[39] 晚
出的《戒庵老人漫笔》中的故事应该是综合了若干早期传说的因素而成，
这也可以解释为什么所引诗句与宝山辽墓中题诗有相似之处。我因此仍然
倾向于接受吴玉贵的看法，认为宝山壁画表现的是《明皇杂录》中的杨贵
妃的故事。实际上，支持这个论点的最主要证据是由画面本身提供的：如
前所述，画面中心场景表现坐在案前的贵妇正在阅读一个展开的经卷，而
洁白的鹦鹉立在卷旁，正在专心聆听。这个场面不存在于武则天故事中，
但却是《明皇杂录》故事的一个核心情节："上使贵妃授以《多心经》，
记诵颇精熟，日夜不息，若惧祸难，有所禳者。"

37 李诩：《戒庵老人漫笔》卷七《鹦鹉事相同》。
38 如唐人李蘩渊：《圣渠庐》卷四二二"鸟部四"载："东都有人养鹦鹉，以其慧甚，施于僧。僧教之，
能诵经。往往架上不言不动。问其故。对曰：'身心俱不动，为求无上道。'及其死，焚之有舍利。"
其他版本的记载见于《法苑珠林》《酉阳杂俎》《全唐文》《渊鉴类函》等书。参见李娟：《唐代
鹦鹉故事的佛教因缘》，《五台山研究》2009 年第 1 期。
39 如司马光：《资治通鉴》卷二〇四"天授元年七月"条载："则天后梦一鹦鹉，羽毛甚伟，两翅俱折。
以问宰臣，群公默然。内使狄仁杰曰：'鹉者，陛下也；两翅折者，陛下二子庐陵、相王也。陛下
起此二子，两翼全也。'……后契丹围幽州，檄朝廷曰：'还我庐陵、相王来。'则天乃忆狄公之言，
曰：'卿曾为我占梦，今乃应矣。'"北京：中华书局，1982 年。

图 32

图 33

图 34

图 32　宝山 2 号辽墓
石室内南壁《寄锦图》
（局部）

图 33　宝山 2 号辽墓
石室内南壁《寄锦图》
（局部）

图 34　宝山 2 号辽墓
石室内南壁《寄锦图》
中的担夫形象

在这幅《颂经图》的对面，也就是宝山 2 号墓石室南壁上的壁画，描绘了四名束着高髻的女性簇拥着一位盛装贵妇，向左方移动。【图 32，见彩图 57】虽然也是高髻若云，这四名女性的衣饰较贵妇所着的锦袍更为简朴，手里还捧着不同的器物和书写用具，应该是贵妇的随从。贵妇本人则左手拿着一方锦帛，右手前指，似乎正在嘱咐面前的男僮什么事情。【图 33，见彩图 59】男僮恭谨地站在她面前，躬身拱手，旁边地上放着的担子指示出他即将出门远行。【图 34】另一位高髻女性，可能也是贵妇的侍女之一，右手拿着一个小卷轴，将要递给男僮，一边回首看着女主人，等待她的指示。正如吴玉贵所提出的，此画的中心贵妇是创造"回文诗"（或称"璇玑图"）的苏蕙（或称苏若兰）。画中的她手持刚刚织成的载有回文诗的锦帛，让男僮转交给她在边疆服役的丈夫窦涛，以表达自己的相思之情。

这两幅壁画完成了位于宝山2号墓中心的一个精心构造的"女性空间"。在这个空间中，繁茂的花卉装饰着尸床后的正壁和石室天顶，两名契丹装束的女侍守护在石门两旁，而杨贵妃和苏蕙这两个中国历史上著名的女性永恒地陪伴着去世的辽代皇室贵妇。与这个空间相对应的是，1号墓壁画中的汉武帝、"三教"以及鞍马、弓箭等题材，明显地构造出一个属于男性墓主的空间。但是这个解读随后引出一个问题：如果说"性别"决定了壁画和墓主之间在一般概念上的对应关系，那么每个墓中的具体壁画题材是谁来策划和决定的呢？墓主本人或其家属是否能够对壁画的特殊内容施加影响呢？在没有文献证据的情况下，这个问题只能够根据每个墓的具体情况加以猜测。比如说，考虑到1号墓中的死者是一个十四岁的男孩，由他自己选择墓室装饰主题的可能性几乎是微乎其微。但是这个墓中的壁画似乎仍然反映出某种特殊的兴趣和关注：棺室东壁的大幅《降真图》和室顶所绘的云间白鹤都明确地反映了"升仙"的希望。可能的情况是：这个墓的壁画是由死者家庭、礼仪官员或专业墓葬建造者选择的，应该在某种程度上反映了这些人的观念和爱好。

"升仙"图像在2号墓中没有出现。而且，根据尸骨分析，墓主是个成年女性，因此有可能对自己未来坟墓中的图像加以关注并施加影响。对石室内壁画的细读显示出三种可能的"意图"。首先，比较容易确定的一种含义是：苏蕙的事迹体现了一个妻子对丈夫的忠贞不二的感情，因此可以作为女性道德的楷模，也可以用来暗喻墓主的崇高品性。这种对历史人物的"借用"是中国古代墓葬艺术中的一个根深蒂固的传统，一直可以追溯到汉代。在一些情况下，墓中表现的历史人物为墓主本人所选，作为对自己生平和志向的"自喻"。[40]虽然我们没有直接证据推测这是宝山2号墓的情况，但是也没有必然的理由抛弃这种可能性。

但是这种道德或"自喻"的解释无法说明另一幅壁画《颂经图》的含义。图中描绘的杨贵妃虽然是个著名美人，但并不是可以作为楷模、名列

40　一个著名的例子是汉代的赵岐。他在死前策划了自己的墓葬，将几位古代贤人画在自己肖像的两侧，用以象征在他患难时帮助过他的朋友。原记载见《后汉书·赵岐传》、郦道元《水经注》。讨论见巫鸿：《中国古代艺术与建筑中的"纪念碑性"》，上海：上海人民出版社，2009年，第290页。
41　参见巫鸿：《黄泉下的美术：宏观中国古代墓葬》，北京：三联书店，2010年，第153-154页。

图35 宝山2号辽墓
墓室封顶石团花图案

《列女传》中的历史人物。这里，值得考虑的一个因素是壁画所可能隐含的宗教意义：杨贵妃正在专心阅读并且教"雪衣娘"背诵的并不是一个普通的文学作品，而是对中古佛教徒来说具有极大威力的《多心经》，全称《摩诃般若波罗蜜多心经》。这部只有260字的经文在唐代和辽代具有极大影响力，不但被看作是对"空"的佛教教义的最精练的阐释，而且被认为能够帮助人们避免灾难、逢凶化吉。宝山壁画所据的《明皇杂录》故事中的一段话特别说明了这后一种意义："上使贵妃授以《多心经》，记诵颇精熟，日夜不息，若惧祸难，有所禳者。"由于这些原因，这篇经文在辽代墓葬中出现，比如被抄写在宣化辽墓木棺的前挡上。[41] 因此，可能的情况是：由于这幅画所据的原稿描绘了一名贵妇诵读《多心经》的场面，因此被选用作为宝山2号墓中壁画的范本。在这个解读中，该壁画的"意图"不在于建立墓主和杨贵妃之间的个人联系，而在于壁画中所表现的读经的行为。作为这一解释的附证，在同一墓葬的顶部画有七朵宝相花围绕着位于中央的巨大莲花【图35，见彩图46】，有可能说明埋葬在这个墓中的贵妇是一个佛教信徒。

最后，我们还应该注意到两幅壁画的一个共同点，即中心人物都被描绘成最高社会阶层的贵妇。这种描绘与原来的故事并不一致，因为苏蕙的社会地位要比杨贵妃低很多。但是在绘画中，她被表现成一位装饰华丽的贵族女子，为若干盛装的侍女所簇拥。如上文所说，宝山墓地很可能属于辽代皇族的一支。如果这个推测不误的话，那么宝山2号墓的墓主应该也具有皇室身份。两幅壁画的中心人物被描绘成贵族女性是与墓主的社会身份一致的。换言之，这两幅绘画描绘的是与墓主在等级和身份上相对应的女性形象。这个解释进一步说明了为什么这两张壁画都着意描绘想象中的时尚女性和她们的神奇世界。实际上，我们很少在墓葬中看到着装如此华丽、如此美丽诱人的女性形象。她们仿佛自身就是珍贵的艺术品：高耸的云鬓上装点着花钿和金珠，精致的服装展示着不同色彩和图案的组合。伴随和穿插于这些宫廷女性之间的是大丛的茂密植物，包括棕榈、芭蕉和竹子。宝山壁画墓的契丹赞助人或许从未见过这些生长在南方的植物，但这也可能恰恰是为什么这些奇特的自然景观被画在这个墓里，而且是以如此夸张、偶像式的手法画在这里。这些观察引导我们想象这个墓室中所表现的并不是一个一般的、概念化的女性空间，而是一个涵有特殊想象力，反映了特殊的趣味，糅合了时尚、奢侈和浪漫幻想的私人化的女性空间。

三、画者手笔情思

以上对图像的讨论帮助我们发掘每个墓中壁画设计的内在逻辑和"主顾"的意图。但这些画面的意义是不是尽在于此了呢？在思考这个问题的时候，我们注意到苏蕙壁画中的题诗中似乎含着一个隐语，指示出画面更深层的含义，使我们进一步考虑创作这些画面的艺术家以及他们与壁画"主顾"之间的复杂关系。

根据画史中的记载，吴玉贵、罗世平等学者已证明宝山 2 号墓中的《苏蕙寄锦图》和《杨贵妃调鹦鹉图》是唐代流行的绘画题材，特别是与张萱、周昉一脉有着密切的联系。[42]《宣和画谱》载有五件题为《织锦回文图》的作品，归于张萱名下的有三件，周昉名下的一件。[43] 同书又载张萱画有《写太真教鹦鹉图》，而列在周昉名下的画作则包括了《妃子教鹦鹉图》。宝山 2 号墓中的两幅壁画虽然在女性发式和衣着等方面有所不同，但都属于中原绘画传统，《寄锦图》更是保留了浓厚的唐代绘画样式。[44] 如果我们把这两幅壁画与同墓中发现的契丹人物图像进行对比，就可以看到不

42　见注 13，以及罗世平：《织锦回文：宝山辽墓壁画与唐画的对读》，《书画艺术学刊》2006 年第 1 期，第 15-23 页。

43　另一件归于李公麟名下。此外，同书也记载了郭忠恕绘的一幅《织锦璇玑图》。

44　如发掘报告的作者指出，图中女子的"面容与发髻亦为唐式"。见注 6，第 94 页。

图 36

图 37

但二者所绘人物的形象和衣着有着明显的区别，而且在用笔设色的方式上也截然不同。《寄锦图》和《颂经图》以墨线为主要造型因素，随线晕染。色彩多为平涂，对比强烈。服装上的细腻纹样以平面方式展开，造成一种二维的装饰效果。而契丹人像虽然也使用墨线，但其目的则在于塑造人物面容和身体的立体感，所注重的是"绘画性"，而非"装饰性"。在这些人像里，任何装饰因素都从属于整体的造型，有的面容甚至显示出类似肖像画的个性塑造。【图 16、17、18】这两种绘画的风格和目的如此不同，绝不可能出于同一手笔。以往论者已经提出《寄锦图》和《颂经图》是以唐人传统题材绘画为粉本临摹的作品。这里我希望在风格比较的基础上进一步提出：这两幅画实际上是由中原画家制作的，和描绘同墓中契丹人像的画家属于渊源有别的两个风格体系。如果我们把它们与宋徽宗摹张萱《捣练图》《虢国夫人游春图》以及传周昉《簪花仕女图》《纨扇仕女图》和《调琴啜茗图》等作品放在一起观察，就完全可以明白其画者的师承和风格来源。【图 36、37】

虽然这两幅壁画的作者没有留下他们的姓名，但是，他们的历史存在是不是就完全无迹可寻了呢？换言之，作为千年之后的观者，我们是不是仍然有可能探知他们在创作这些壁画时的感情和心态呢？由于能够支持这种思考的历史资料极为罕见，对无名画匠思想和心态的探索往往

图 36　宋徽宗摹张萱《捣练图》(局部)
图 37　（传）周昉《簪花仕女图》(局部)

是美术史研究中的禁区。但是宝山辽墓很可能为我们提供了一个不可多得的证据。这就是 2 号墓石室南壁《寄锦图》上的墨书题诗，位于该图的左上角的一个黄地竖框内。【图 38，见彩图 58】诗云：

图 38　宝山 2 号辽墓石室内南壁《寄锦图》左上角之墨书题诗

　　□□征辽岁月深，
　　苏娘憔（悴）□难任。
　　丁宁织寄回（文）（锦），
　　表妾平生缱绻心。

　　这首诗很明白易懂，表达的是苏蕙思念夫君的缱绻之情。难于理解的是第一句中的"征辽"一语。句中残缺的第一、二字根据上下文应该是"夫君"或类似的字眼，"夫君征辽"这个表述之所以难于理解，首先是因为它与苏蕙的故事不合。这个故事比较完整的版本见于房玄龄等编撰的《晋书》，所根据的是南朝王隐的简短记载，补充了名字和籍贯。《晋书·列女传》载："窦滔妻苏氏，名蕙，字若兰，善属文。窦滔，苻坚时为秦州刺史，被徙流沙，苏氏思之，织锦为回文璇玑诗以赠滔。"[45] 秦州即今甘肃天水，流沙指的是武威、敦煌一带。因此窦滔任官和放逐的地点都在遥远的西北方。这个说法是从南朝到唐代的一致看法。如梁元帝《寒闺诗》云："愿织回文锦，因君寄武威。"庾信的《荡子赋》也说："合欢回文锦，因君寄武威。"等等，不一而足。隋唐以降，咏及织锦回文和苏蕙的诗更多，基本延续了南朝的传统。较为特殊的是传武则天为《璇玑图》所写的一篇序，其中说到窦滔被放逐到流沙以后，苻坚企图灭亡东晋，想到窦滔文武才略，起用他为安南将军，镇守襄阳。苏蕙因嫉妒丈夫有新欢，没有跟随前去，但随即后悔，寄去回文锦，希望重归于好。据此文，苏蕙寄锦时窦滔的位置是湖北襄阳。但是据《四库全书总目》，这篇序很可能是后人伪托，难以作为可靠的唐代文献使用。[46]

45　房玄龄：《晋书》卷九六《列女·窦滔妻苏氏》，北京：中华书局，1974 年，第 2523 页。
46　永瑢、纪昀等撰：《四库全书总目》卷一四八，上海：大东书局，1927 年，第 8 页下。

所以，在 10 世纪初叶以前，所有可靠的文献都明确地把苏蕙寄送回文诗的地点——也就是她的夫君窦滔所在的地点——确定为西北地区的武威、敦煌一带，没有一种文献将其置于东北方的辽地。即便是疑伪的武则天序，也不过是在窦滔放逐流沙之后加上了一个南方的襄阳。那么，宝山 2 号墓《寄锦图》题诗为什么说窦滔是因为"征辽"而离家呢？尤其使人困惑的是，这幅壁画属于一个辽代贵妇的墓葬，而这个墓葬又是位于辽的腹心之地。看来身在辽地的制作这幅画的中原画家——应该也就是画上的题诗者——是借用了苏蕙的历史故事来影射一个当下的现实。

这个现实是什么呢？我们不能马上把"征辽"一语中的"辽"字解释为"大辽"或辽代，因为"大辽"作为契丹王朝名号的正式确立是在938 年或 947 年[47]，比大家所认同的宝山 2 号墓的时代要晚。为了解决这个问题，我们可以考虑四种"征辽"的可能含义：

一、"辽"指辽河区域，"征辽"可能指阿保机建国后对这个地区用兵的举动。

二、"征辽"指某一中原政权与"大辽"国的武装冲突，但是这种解释需要把宝山 2 号墓的时间定在 938 年或 947 年以后。

三、由于契丹族起源于辽河流域，题诗中的"辽"可能指北方的契丹，甚至可能泛指北方的异族政权。也就是说，"征辽"一语不必特指一个具体事件，而可以用来形容中原与契丹或其他北方政权之间持续的军事冲突。[48]

四、如吴玉贵已经注意到的，"征辽"是唐诗中的一个惯用词，常用在描述闺阁女性怀念前往边疆征战的丈夫或情人。[49]

在这四个可能性中，第一个基本上无法成立，因为辽史中没有记载

47　关于契丹王朝采用"辽"作为朝代名称的时间，参见刘浦江：《辽朝国号考释》，《历史研究》2001年第 6 期，第 33 页。

48　据传统史书记载，武则天时期唐军曾四次出战契丹，三次败绩，只有第四次才取得胜利。《资治通鉴》卷二〇六，"武则天神功元年"条下载："以二十万唐军击契丹"。

49　其例证包括："辽阳在何处，妾欲随君去。义合齐死生，本不夸机杼。谁能守空闺，虚问辽阳路。"（于濆的《辽阳行》）"此夜不堪肠断绝，愿随流影到辽东。"（权德舆《秋闺月》）"朦胧残梦里，犹自在辽西。"（令狐楚《闺人赠远》）"辽阳春尽无消息，夜合花前日又西。"（白居易《闺妇》）"佳人持锦字，无雁寄辽西。"（崔道融《春闺》）"妾家临渭北，春梦著辽西。何苦朝鲜郡，年年事鼓鼙。"（沈佺期）"荡子戍辽东，连年信不通。"（郑遂初）等。见吴玉贵：《内蒙古赤峰宝山辽墓壁画〈寄锦图〉考》，《文物》2001 年第 3 期，第 94 页。

这个时期内阿保机对辽河流域用兵的事件。唯一的东方战事是辽与渤海国的战争，但是渤海国位于辽河以东，这场由辽国发动的战争不可能被称作是"征辽"。第二个假设看来也不太可能：宝山2号墓和1号墓在建筑结构和壁画风格上如此接近，很难设想二者的修建年代相隔了十五甚至二十五年之久。在我看来，第三和第四个可能性一起为这首题诗提供了一个合理的解释。在这个解释里，唐诗中习见的"征辽"一语被壁画作者借用以表达对自己身陷北地的怨愤。换言之，在辽代京城附近作画的这个中原画师有意地把原来苏蕙故事中的"被徙流沙"改换成了"征辽"，因而在一个传统的绘画和文学主题中加入了他的切身生活经验。这个经验的核心是他与家人的分离。当他在诗中以苏蕙的口吻叙述对夫君的思念时，他实际上是在想象着他的妻子或爱人对自己的怀念。这种男性诗人采用女子第一人称，将自己的感情折射给对方的做法是中国传统诗歌中的一个惯用手法，但这个习用的格套在宝山墓中被给予了真实的感情和特定的目的。

我们还应该注意到：在宝山2号墓中，这首诗的题写位置是在石室内南壁的左上角，因此位于一个极其隐蔽的地点，从石室的门口处完全无法看到。能够读到它的人必须置身于这个勉强容身的石屋里，秉烛照明被双层地下墓室所隔绝的这个黑暗空间。题诗的目的因此不在于公众阅读，而在于个人抒怀。考虑到这首题诗的特殊位置、角度和采光条件，它的假想读者并不是任何实际存在的读者或观者，而是不在现场的、画家心中思念着的万里之外的亲人。

有意思的是，我们从刘道醇和郭若虚这些重要的宋代书画著录家那里得知，一些颇有名气的中原画师在10世纪中被辽兵掳至北地，在那里参与了若干艺术项目。见于画史的这类画师包括王霭、王仁寿和焦著等人，其中王霭和王仁寿以其宗教壁画和肖像画著称。[50] 虽然据刘道醇记载，这三位画家是在947年被辽兵掳走的，事件的发生晚于宝山辽墓二十年左右，但是宝山辽墓中带有汉文题诗的典型中原风格壁画的发现，证明了在此以前已有类似的情况发生。这也就是说，根据这个考古新发现，我们可以断定至少在10世纪20年代已有一批中国画师在契丹宫廷中服务。这一结论在历史文献中也可以找到支持。如胡峤在其《陷北记》（亦作《陷虏记》)中记述了他所观察到的契丹境内的状况。胡峤在被掳以前是邵阳县令，当他一路北上，最后到达辽代都城时，他所看到的情况是：

> 又行三日，遂至上京，所谓西楼也。西楼有邑屋市肆，交易无钱而用布。有绫、锦诸工作，宦者、翰林、伎术、教坊、角觝、秀才、僧尼、道士等，皆中国人，而并、汾、幽、蓟之人尤多。[51]

虽然胡峤记述的是他于947年被掳时的事情，但是如此众多的"中国人"在辽代上京居住和谋生，肯定不是一个短期内形成的情况。特别值得注意的是宝山墓葬就在上京附近，而胡峤提到这些"中国人"中有文人和技术人才。我们因此可以想见他所遇到的人中，就包括了创作宝山墓葬壁画、书写诗词题记的汉族画师和文吏，或是他们的子弟和门徒。另外值得注意的一点是，胡峤特别指明这些人才多来自"并、汾、幽、蓟"四州，也就是今日的山西和河北北部一带。这使我们想起宝山墓葬与这个地区墓葬文化的密切关系，表现在1号墓的建筑结构和位于北京郊区的王公淑墓的相似，以及2号墓中《牡丹图》亦见于位于河北曲阳的王处直墓中。很可能设计和装饰宝山墓的工匠和画匠就包括了从这一地区来的汉人。

历史文献也记载了在同一时期内，一批出色的契丹画家出现了，其中的佼佼者有耶律倍和胡瓌。耶律倍，其汉文名字是李赞华，是耶律阿保机的长子，因此可能是宝山1号墓墓主勤德的大伯父。我们不太知道胡瓌的身世，但一些书画著录谓其为"山后契丹人"。对于本文最重要的一点是，这两个契丹艺术家都以描绘当代契丹人物和"番马"见长。如郭若虚所说：耶律倍"善画本国人物鞍马，多写贵人酋长，胡服鞍勒，率皆珍华"[52]。《宣和画谱》卷八载："李赞华……尤好画，多写贵人酋长，至于袖戈挟弹，牵黄臂苍，服用皆缦胡之缨，鞍马率皆瑰奇，不作中国衣冠。"同书记录了北宋内府收藏的胡瓌的六十五件作品，基本

50　郭若虚：《图画见闻志》卷三，九龙：南通图书公司，1973年，第64、79页。刘道醇：《五代名画补遗》，"人物门第一"，台北："中央"图书馆，1974年，第4页下-5页上。刘道醇：《圣朝名画评》，卷一，台北："中央"图书馆，1974年，第1页下-2页。

51　欧阳修：《五代史记》卷七三，"四夷附录第二"，1828年印本，出版地点不详，第11页下。

52　郭若虚：《图画见闻志》卷三，九龙：南通图书公司，1973年，第43页。

图 39

图 40

图 41

都和鞍马、番骑、射猎有关。这两位画家的传世绘画也明确地反映出这些特点。[53] 比如，现存最可靠的耶律倍的作品是题为《射骑图》的一幅绢本设色画页，现存台北故宫博物院。【图39】图中描绘的是一个手持弓箭、立于战马前面的契丹武士。类似的构图也见于胡瓌的《卓歇图》。【图40】把这些作品与宝山1号墓东壁上的鞍马和驭者作比较，【图20】我们发现它们在题材和构图上有诸多相似之处。耶律倍和胡瓌的绘画创作因此有着深厚的契丹艺术基础。9世纪初期以后，这种"胡人牵马"构图一方面继续保存在辽代墓葬中，如北三家子1号辽墓、白塔子辽墓以及库伦3号和7号辽墓中都发现了这样的图像，而且也进入宋代艺术收藏，被中原画家所吸取，李公麟所画的《五马图》就是其中一例。

上文谈到宝山墓中的一些契丹人像具有鲜明的体质和性格特征，使观者感到几乎是特定人物的肖像。一个例子是1号墓南墙上的一对人像。门东侧的男吏是个留着络腮胡子的瘦削中年人，身着团花锦袍、深目勾鼻。画家综合使用色彩和墨线，勾画出他面颊上的肌肉纹理。【图16】而西侧的人像则是一个少壮的男侍，其丰腴的面颊、全素的袍服与前者形成鲜明对比。【图17】我们可以把东侧人像与传耶律倍所作《人骑图卷》（或称《东丹王出行图》）中的最后一名骑者作一对比。【图41】这幅画卷末有墨书题字："世传东丹王是也。"论者认为书法有南宋高宗赵构的体势架构。这里所说的"东丹王"指的就是这名骑者。此人身穿团花黄袍，戴冠，面容瘦削，留络腮胡子，深目钩鼻。无论是相貌还是半侧面的描绘角度，都和宝山墓中的人像相当一致。

因此，这两座宝山墓葬提供了足够的证据，使我们得以判定墓中的契丹人像是由契丹画家创绘的，而以中原历史和文学为题材的叙事画是由汉族画家绘制的。这就解释了为什么这两组图画具有如此不同的内容和绘画风格。上文说到这两组壁画构成了墓葬中"内、外"二元画像程序。我们在这里可以进一步提出：这个画像程序是中原和契丹两组画家的成功合作，反映出他们的艺术特色和互动。

---

53 关于耶律倍的身份和绘画，见 François Louis 最近的论文，"The Cultured and Martial Prince: Notes on Li Zanhua's Biographical Record"，载于巫鸿编，*Tenth-Century China and Beyond: Art and Visual Culture in a Multi-centered Age* (Chicago: Paragon Books, 2012)。

结语

虽然位于宝山的这两座墓葬不幸在发掘前已被盗掘，我们无法结合随葬品对其进行综合、完整的分析，但是墓葬建筑和墓中遗留下来的宝贵壁画仍然为了解 10 世纪初的辽代和中国艺术提供了极其宝贵的材料。1 号墓中发现的墨书题记包含了墓葬的年代和墓主姓名，不但为断定这两座墓的时代以及整个宝山墓园的皇室身份提供了证明，而且为研究这一时期的建筑和绘画艺术建立了一个年代学和风格的标尺。

通过对两座墓建筑的比较研究，我们发现它们的规模和装饰有着严格的等级规定，应该和墓主的身份直接有关。两墓的基本结构与中原北部晚唐时期墓葬类同，但是其中的石室则反映出墓葬建筑者的特殊文化和政治背景。据《辽史》，辽代统治阶层认为自己本为炎黄后裔，与"服土中者本同出也"。炎帝子孙的一支为鲜卑氏，建立了北魏帝国，其后一部落成为契丹。宝山墓葬融合了中原汉族和北方鲜卑族的墓葬特点，有可能与辽代立国时对其"双向"历史渊源的着意建构有直接关系。

本文结合建筑和壁画两个元素，讨论了两座墓葬的内部象征性空间和图像程序。我们发现每座墓葬包含了内、外两个空间。这一观念的区分通过不同的艺术手段而得到实现：现实生活中的契丹形象被用来建构石室外的空间，而中国古典的文学题材和绘画形象则充满了石室内的空间。石室外的空间延续了现时态中的人类饮食起居的活动，而石室内的画像则把这个由石板封闭的空间转化为一个虚幻的、超越现实生活的历史和神话的领域。

比较两墓的壁画，我们发现虽然它们从属于同一象征性图像程序，但是对具体绘画题材的选择则明显根据了墓主的不同性别：1 号墓石室中的壁画包括了表现汉武帝见西王母的《降真图》，有关儒释道"三教合一"的题材，弓箭和宝剑，男仆及云间仙鹤；2 号墓里则是以杨贵妃和苏蕙为主角的《颂经图》和《寄锦图》，女侍和无所不在的鲜花、蜂蝶和禽鸟。其结果是两个墓石室的内部分别被塑造成为男性和女性空间。前者具有浓厚的升仙意味，后者则包含了道德教诲和可能的佛教思想。2 号墓石室中壁画所反映的特定趣味以及对时尚、奢侈和浪漫幻想的糅合，进而指示出它作为私人化的隐秘空间的性质。

如果说壁画的图像程序和题材选择主要是反映了"主顾"的趣味和愿望，本文也希望能够思考创作这些壁画的艺术家或工匠的身份、风格渊源和思想感情。通过对图像绘画风格的细致比较，我们可以断定每座墓葬的壁画并非由一个或一组画家创作，而是契丹画家和来自中原的画家的集体手笔。前者绘制了石室外和夹门的契丹人像，后者的作品主要是石室中以汉族历史和传说为题材的大幅故事画。整个画像程序因此反映了具有不同文化背景及思想情感的中原和契丹两组画家的合作和互动。

在古代美术史研究上，由于研究材料的限制，使得美术史家往往无法讨论无名画匠的思想和心态。宝山2号墓《寄锦图》题诗中的"征辽"一语为思考这个问题提供了一个可能的切入点。通过对苏蕙故事源流及10世纪初政治形势的讨论，本文提出一个大胆的假设：制作这幅画的、身在辽地的中原画家借用了苏蕙的历史故事来影射自己与家人的分离。因此这幅画的"意义"不仅仅在于作为墓葬图像程序的一部分，也不仅仅在于体现了墓葬所有者的意图和愿望，而同时也隐含着画者的私人情感和生活悲剧。这幅画及其题诗因此为美术史研究提供了一个难能可贵的探讨这种"多重意义"的实例。

宝山辽墓：
契丹墓葬艺术中的"国俗"与身份建构

李清泉

引言

宝山辽墓的重要发现公布后，一度引起了学术界的高度注意。这两座墓葬之所以引人瞩目，绝不仅仅因为它们是目前所知最早的辽代契丹人墓葬，更加显著的原因是，在这两座契丹人墓葬的石室建筑内部，出现了几幅令辽代美术史为之一亮的、空前精美的汉民族历史故事题材壁画。[1] 位于 1 号墓石房子内部左右两壁的画作，一幅描绘了出自《汉武帝内传》的汉武帝谒见西王母的逸事——《降真图》，另一幅描绘的是与传统"竹林七贤"题材相类似的《高逸图》[2]；而位于 2 号墓石房子内部左右两壁的两幅画作，一幅表现的是《明皇杂录》中所记杨贵妃教授白鹦鹉（雪衣娘）念诵《心经》的《颂经图》，另一幅表现的则是苏若兰织寄回文锦以表达对丈夫的思念的著名历史故事。其中，《颂经图》一幅，不仅与画史中所记张萱、周昉的同类题材画作名称一致，而且其风格特征亦与目前所见张萱、周昉的绘画风貌基本相符。堪可谓发千年遗宝于黄泉之下。

更加引人入胜的是，宝山辽墓特别是其石室内部的精彩壁画，依然饱含着许多未曾发现的价值内涵。我们从巫鸿先生前文可以看到，通过将两座墓葬有机联合做整体观察和辨读，这两座平行的墓葬，以及石室当中那些相对独立的画幅，开始显现出更多具有显著叙事性关联的丰富信息：两座墓葬虽说在形制上皆仿效河北地区的晚唐墓葬，可是安置在

---

1 吴玉贵：《内蒙古赤峰宝山辽墓壁画〈颂经图〉略考》，《文物》1999 年第 2 期。吴玉贵：《内蒙古赤峰宝山辽墓壁画〈寄锦图〉考》，《文物》2001 年第 3 期。
2 罗世平：《辽墓壁画试读》，《文物》1999 年第 1 期。罗世平：《织绵回文：宝山辽墓壁画与唐画的对读》，《书画艺术学刊》，2006 年第 1 期。

墓中的石室却是当时契丹人墓葬的一个独有特色，仿佛在暗示着契丹民族所自由来的历史记忆；石室内部壁画题材的选择与匹配，清晰地界定出分别对应于一男一女两名死者及其贵族身份，乃至其个人操守与愿望的、两个不同的性别空间；而石室中的绘画题材、风格，特别是《寄锦图》及其题画诗中的有关信息，则进一步暗示出画家的身份，并且曲折地表达了其远在异国的思乡之情。[3] 至此，宝山辽墓的重要性，在揭示辽代早期墓葬的文化多元性与包容性态势，以及为我们素所关心的不同民族文化互动与交融同化过程中，其各自的心态及其身份建构的问题层面上得以体现。

与前举研究相类似，本文同样关心反映在契丹人墓葬艺术中的文化元素与民族融合过程中的身份意识问题。不同的是，前举有关宝山辽墓的精彩解读基本都围绕两座墓葬本身，尤其集中于石室以内的汉式绘画，而本文则想掉转方向，将观察的焦点从石室内的汉人绘画转移到石室门侧以及墓室四壁的契丹人绘画；从石室内部的尸体与敛具，逐步转向石室本身乃至石室以外的墓葬。而且，出于对"契丹人绘画"与"契丹葬俗"这样一些明显带有民族学和文化人类学色彩的艺术类别和物质文化类型问题的兴趣，本文在研究方式上还不得不采取一种有别于个案研究的"外向观"视角，将宝山辽墓链接到整个辽代墓葬艺术乃至于契丹丧葬习俗的地平线上。

一、问题的提出

宝山辽墓的发掘简报一开篇就说："宝山又名'老头山'……主峰阳坡有辽代夯土茔墙，茔墙内分布大、中型辽墓十余座，早在20世纪50年

3　见巫鸿先生前文。

4　内蒙古文物考古研究所、阿鲁科尔沁旗文物管理所：《内蒙古赤峰宝山辽壁画墓发掘简报》，《文物》1998年第1期。

5　《辽史》卷六四《皇子表》记载："迭剌……性敏给……回鹘使至，无能通其语者。太后谓太祖曰：'迭剌聪敏，可使。'使遣迓之。相从二旬，能习其言与书，因制契丹小字，数少而该贯。"据此，学界一般将契丹小字的创制时间确定在"回鹘使至"事件发生的神册三年与天赞四年（918-925）之间。见《辽史》，北京：中华书局，1974年，第967页。

6　《辽史》卷七四《韩延徽传》曰："太祖初元，庶事草创，凡，正君臣，定名分，法度井井，延徽力也。"见《辽史》，北京：中华书局，1974年，第1232页。

代这里已经被视为一处围有茔墙、规模壮观的契丹显贵墓地。"[4] 我们从 1 号辽墓的题记文字中获悉，该墓建于辽天赞二年（923），葬在墓中的年仅十四岁的墓主人勤德，是契丹上层贵族"大少君"的次子；又从 2 号墓的尸骨检验报告获悉，死者是一位年约五十岁左右的契丹族女性，其下葬时间，据墓中出土一带有契丹小字的石板等情况判断，可能与 1 号墓基本同时或略晚。[5] 两墓的发现，证实了这里是一处早期契丹贵族墓地的推测。

为学术界普遍熟知的是，契丹早期本无墓葬，后来受到唐代文化的影响，开始造墓，实行土葬。宝山辽墓作为目前所知最早的辽墓，其营建之时，正值契丹建国之初营都邑、建宫殿等各种文化景观与文物制度的草创阶段，期间多有汉人的参与和帮助。[6] 所以，墓葬仿效汉地制度也实属必然。宝山辽墓从墓葬建筑到墓葬装饰，恰好反映出其早期墓葬仿效晚唐五代墓葬的情形。[7] 这一点，无疑从侧面反映了辽代建国前后契丹上层贵族的汉化程度，以及他们对汉族地区先进文化的追慕与认同。

但是，事实表明，雄心勃勃的辽初统治者不会只满足于对汉文化的仿效，相反在参酌汉制草创各种文物制度与仪则法规时，处处以"国俗"为本。如《辽史·韩知古传》透露："时仪法疏阔，知古援据故典，参酌国俗，与汉仪杂就之，使国人易知而行。"[8] 因此，我们还必须看到：宝山辽墓作为契丹上层贵族的早期墓葬，正当契丹民族初步告别汉人眼中"其无礼顽嚣，于诸夷最甚"[9] 的旧有葬俗，并且开始创建各种文物典章制度之时；而刚好处在这样一个历史阶段的这两座墓葬，就绝不仅

7　如：其抹角方形墓的形制和砌筑方式，及其影作砖雕门楼式的墓门，与山西河北一带晚唐墓葬的建筑方式完全一致；其随葬物品虽多被盗墓者洗劫破坏，可是从残留在墓中的部分釉陶碗、白瓷盘、白瓷盖罐、蚌质围棋子等随葬品痕迹来看，亦系中原地区晚唐五代汉人墓葬中所常见的随葬物品，特别是随葬围棋子和棋盘的习俗，正是中晚唐墓葬所流行的。此外，宝山两座辽墓皆于石室后部砌尸床，其中 2 号墓又于石室后壁绘牡丹背屏的做法，与北京八里庄唐开成三年（838）王公淑墓、五代王处直墓的布局与装饰方法类似；1 号墓石室后壁绘出供墓主人憩息的厅堂，厅堂中有明显带有五代时期特点的漆案、靠背椅等奢华家具，漆案上还摆放着碗、盘、筷和高足茶盏。至于石室左右两壁，虽说其壁画内容在晚唐五代墓葬当中还找不到直接的对应，但其题材与画法也分明呈现出一派原汁原味的晚唐五代文化艺术气象。宝山辽墓的这种全面仿效中原墓葬文化的倾向，无疑从侧面反映了辽代建国前后契丹上层贵族的汉化程度，以及他们对汉族地区先进文化的追慕与认同。

8　《辽史》卷七四《韩知古传》，北京：中华书局，1974 年，第 1233 页。

9　《北史》卷九四《契丹传》，北京：中华书局，1974 年，第 3128 页。《隋书》卷八四《契丹传》，北京：中华书局，1973 年，第 1881 页。

仅意味着契丹无墓时代的终结，同时更意味着一个全新的契丹丧葬文化形象与墓葬艺术传统的开启。

将宝山辽墓放置在这样一个历史的转折点上，我们就不免要关心这样一些问题：尚且带着本民族古老沿袭丧葬习俗之鲜活记忆的契丹民族，他们最初效仿汉人营建墓葬时，究竟会怎样设想这两种全然不同的文化习俗之间的前后关联？即便他们是欣然地采纳了汉民族的土葬习俗，他们又能在多大程度上接受汉民族的墓葬艺术传统？甚至可以设想：一个10世纪初刚刚崛起、正从草原雄视着天下的马背民族，当他们面对着汉人的先进文化、背对着本民族悠久的传统，心中总难免会有这样那样的一些纠结与彷徨——究竟是全面放弃自己的文化习俗而全盘照搬汉人呢，还是对汉人习俗有所选择、有所改造地采用，以熔铸成自己的丧葬文明？如果要有所选择、有所修改地吸收汉俗，重新圈定一部带有鲜明契丹民族色彩的墓葬文化典章，那又拿什么来做笔削的标准呢？……所有这些问题，归根结蒂一句话，就是契丹人在正式接纳汉民族的土葬文化和墓葬艺术时，究竟如何考虑他们自己的"国俗"及其自身的民族身份问题。

事实上，当我们关心到宝山辽墓墓主人的契丹身份、关心到其墓葬艺术究竟在多大程度上打上过其本民族文化的烙印时，这两座墓葬与晚唐五代汉人墓葬的诸般不同，便会倏然或明或暗地显现在我们的面前。首先，多位学者都曾注意到石室内部壁画与石室以外壁画的风格差异，甚至已经揭示出石室内壁画为汉人画家所为。有趣的是，恰好是在这些汉式绘画的对比、反衬之下，画在墓室四壁上的那些鞍马人物与侍者形象，其外在风貌才显得格外异样，与石室内部壁画人物形象的画法和风格迥然不同。这种差异不仅体现在人物的面貌特征与服饰特征上，同时还体现在绘画的风格和技巧特征上。其次，据发掘报告，在发掘前已经被盗墓者盗掘过的宝山辽墓里，除了完好保存着汉人墓葬中所不见的石室，考古工作者还在石室内部发现了残留在死者衣物上的银丝网络印痕，并推测尸床上方原本应有木雕彩绘小帐。这类被证之为契丹民族所特有的丧葬用具，完全不同于汉民族所使用的葬具，表明契丹民族在开始采纳中原汉族地区的土葬习俗和墓葬建筑之时，也同时在保留或发展着带有自身民族特色的丧葬文化。

总之，出于对契丹早期墓葬艺术中的民族身份意识的关心，我们不能不首先从宝山辽墓的各种有异于汉民族丧葬习俗与墓葬艺术传统的因素，来分析、考察其内在的"国俗"根源[10]及其在后来契丹墓葬艺术中的发展文脉，由此窥察契丹贵族墓葬艺术对其民族身份的重塑经历。

二、鞍马人物，为何成为契丹人墓葬艺术中的必备题材

2-1 宝山辽墓鞍马绘画的契丹特征

宝山 1 号辽墓的鞍马图绘在墓室东侧壁，画中绘一契丹驭手手执马鞭，引领着三匹高头大马。【图 1，见彩图 23】其中第一匹为枣红马，双耳斜立，眼作环形，灰色的睛瞳中泛着晶莹透彻的宝石蓝，其额前与颈部鬃毛，绘得浓密而有弹性，显得格外优雅、高贵；第二匹马和第三匹马一为白色，一为黄色，鞍鞯齐备，与枣红马一样，皆呈跑蹦直立的动态。三匹马的身态造型多用曲线，虽然骨骼结构不甚具体，其身态比例却十分匀称。此外，与这幅鞍马图首尾相接的，还有画在北壁壁面正中的一个半开的门扉，画在门扉西侧的一个摆放着各种饮食器具的桌案【见彩图 19】，以及画在门扉东侧的一只黄犬和一只头上长有一对大角的公羊【见彩图 20】。

墓葬壁画中绘车马或鞍马以为死者冥间旅行的工具，本是汉代至唐代墓葬艺术中的一个常见现象，但是像该墓这样一连绘出三匹鞍鞯俱备的高头大马的例子并不多见。我们很难确知画家之所以要绘出三匹马的实际用意，可是从这一现象，不难看出半游牧的契丹民族对马的特殊依赖与重视。虽说画家的表现技法并不甚高，但细审之下可以发现，这幅画的写实特点，与传为胡瓌的《卓歇图》【见本书第 44 页图 40】，以及现藏台北故宫博物院的一幅李赞华（耶律倍）的《射骑图》册页【见本书第

10　鉴于辽代从太祖阿保机便开始实行蕃汉分治，即"以国制治契丹，以汉制待汉人"的所谓"因俗而治"（见《辽史》卷四五《百官志一》，北京：中华书局，1974 年，第 685 页），我们也就不能不从契丹传统丧葬礼俗的角度，来理解墓葬艺术中可能具有的"国俗"内涵。

图1   图2

44 页图 39】，颇有可比之处。不仅画中人物皆为契丹装束，马的画
法也十分相似。胡瓌与李赞华所绘之马，体格不大，但头大额宽，
颈部短厚而低平，身躯偏长，背腰平直，臀尻后斜，四肢偏短，体
质粗糙结实。这些特点集中体现了能吃苦耐劳、不畏寒冷、可以适
应艰苦恶劣自然环境的蒙古马种的基本特点。【图 2】宝山 1 号辽
墓壁画所绘的三匹马，虽然画家仿佛有意将它们画得高大些，但三
匹马的头大、颈厚、身长、腿短特征，却无异于李赞华笔下之马，
可见画家观察之细致与描绘之忠实。不难想见，只有长期生活在漠
北草原上的契丹画家，才会对蒙古马的特征这样熟悉。相反，我们
在许多唐代墓葬壁画的人马题材作品中，却很难找到类似于胡瓌
《卓歇图》、李赞华《射骑图》和宝山辽墓所见鞍马绘画的那种写
实作风。

    如唐章怀太子（706—711）墓墓道两侧出行仪仗队列中的鞍
马形象，[11]【图 3】虽然技巧高超、造型生动，但这些马的形体
特征乃至神韵与风姿，大体不出昭陵六骏，尤其是韩幹笔下的那
种经过高度概括和美化了的高大丰肥的宫廷良马模式。直到北宋

图 1 宝山 1 号辽墓墓
室东壁驭者牵马图
图 2 蒙古马
图 6-2 唐代马俑

11 陕西省博物馆、乾县文教局唐墓发掘组：《唐章怀太子墓发掘简报》，《文物》1972 年第 7 期。
12 陕西省博物馆、文管会：《唐李寿墓发掘简报》，《文物》1974 年第 9 期。
13 陕西省咸阳市文物局：《咸阳文物精华》，北京：文物出版社，2002 年，第 128-131 页。
14 据阎万章先生考证，五代时期的画马名家胡瓌，原本就生于契丹。见阎万章：《辽代画家考》，《辽
    海文物学刊》1986 年第 2 期。

画家李公麟那里，这种御马模式仍在延续。【图4】再如陕西三原焦村唐李寿墓（630）壁画中的人马形象，[12]人物大都是一副圆胖的面孔，马的画法也显然过分强调了其弯曲的长颈、饱满的胸廓和丰圆的后臀。【图5】再如陕西醴泉唐贵妃韦珪墓（666）壁画中那技法高超的鞍马人物，[13]【图6-1】其中马的描绘尽管生动，但是其造型却是高度夸张和概念化的，看起来仿佛就是我们所常见的唐代马俑的翻版【图6-2】；至于画中的胡人形象，其五官神情和面部造型，更是极尽夸张，与西域人的形象特点实际相去很远。总之，唐墓壁画中所见的鞍马形象，多是经过高度概括与夸张处理的鞍马形象，由于这类画法多由现成的名家画样习得，而非依据对真实之马的细致观察，所以总不免有程式化和概念化的缺陷。

画在宝山1号辽墓中的这三匹马，不只体现了画家对马的体貌特征的谙识，还显现了画家对马的特殊情感和兴趣，显现了画家对契丹民族马背文化的情有独钟。

据考古发掘者报道，这三匹马皆作"束尾"。古代战马多束尾，为的是利落不拖沓。可是中国古代战马的束尾方法，通常是将马尾折卷到靠近尾根的部位，然后以绳或直接以马尾绑扎。如前述昭陵六骏、章怀太子墓壁画中所绘之马，尾部皆系这种束法。此外，唐代宫廷御马也有在马尾的末梢部位作结的，如宋代摹本唐张萱的《虢国夫人游春图》中所见者，令人颇感风致、优雅。宝山辽墓壁画中将马尾卷至当腰部位作花结的束尾方法，在中原地区实属少见。相反却有迹象表明，这种马尾束法，是契丹民族常见的两种马尾束法之一。契丹民族最常见的马尾束法是于马尾当腰部位以彩绳作结。葛雾莲（Marilyn Gridley）教授注意到，传为五代时期北方地区画马名家胡瓌[14]所绘的《卓歇图》，

图6-2

55

图3

右一匹元祐元年十二月十六日左騏驥院收于闐國進到鳳頭驄八歲五尺四寸

图4

图 5

图 3　唐章怀太子墓墓道
壁画
图 4　李公麟《五马图》
图 5　唐李寿墓中的壁画
《鞍马人物图》
图 6-1　唐贵妃韦珪墓中
的壁画

图 6-1

画面左半为契丹首领及其夫人所用的四匹马，皆在马尾的当腰结着红色的绑扎。[15] 此外，前举李赞华所绘的《射骑图》，以及辽陈国公主墓、辽庆陵，库伦 2 号墓、7 号墓等契丹贵族墓墓道出行壁画中，马尾也是这种当腰结绳扎法。而宝山辽墓鞍马壁画中所见的这种马尾束结方式，虽说不如前一种方式更为常见，可是胡瑰的《卓歇图》中，画面右半许多马匹的尾部即采取了类似的束法，看上去别有一番异域情调，表明也是契丹民族所流行的一种马尾装饰样式。

画在宝山 1 号辽墓中的三匹鞍马中，最为夺人眼目的自然要数位于前端为御手所牵引的那匹枣红马。这不仅是因为它看上去被梳理得很整洁、很美观，更因为它被装饰打扮得格外高贵、华丽。首先我们看到，这匹马的络头和缰绳俱以皮革制成，吊挂在马首下方的一个硕大、醒目的黑色缨球，与棕红色马身形成鲜明对比，这个黑色的缨球装饰，令我们再次回想起李赞华的《射骑图》，回想起其马首、马颈和马臀部位那几枚鲜艳夺目的红缨装饰。看着这类装饰，我们仿佛不难觉察到同一时代、同一地域的两位画家对于马的钟爱之情是何其相似。与其说这是两位画家情趣与爱好上的一个偶合，不如说是共同的民族文化习俗决定了他们这一情趣与爱好上的一致。

其次我们还看到，这匹枣红马，其束尾处还插有一束野雉的尾羽。十分巧合的是，发现于赤峰市克什克腾旗二八地 1 号辽墓中的一个石棺，其前档内壁的上半部亦绘有一匹颈挂红缨的鞍马，这匹马的束尾部位也插有一束几乎一模一样的野雉尾羽。[16]【图 7-1、7-2，见彩图 26】虽说我们很难确知马尾插翎羽的具体用意，但对照武威擂台汉墓出土的那件脚踏云雀飞快奔驰的青铜天马，却不难看出两者之间仿佛有着异曲同工的艺术思致。或许在画家看来，系结在马尾上的这一束翎羽，更能显示这匹马的速度。

15 Marilyn Gridley, Liao Painting and the Northern Grasslands School, *Tradition and Transformation: Studies in Chinese Art in Honor of Chu-tsing Li,* Edited by Judith G. Smith, Spencer Museum of Art, (The University of Kansas, 2005), pp. 27-51.

16 项春松：《辽宁昭乌达地区发现的辽墓绘画资料》，《文物》1979 年第 6 期。

17 孙机：《辽代绘画》，《契丹王朝——内蒙古辽代文物精华》，北京：中国藏学出版社，2002 年，第 15-17 页。

18 该墓壁画出现了截然不同的两种风格，显非同一画工所为。孙机先生亦曾根据画中的一把矮椅图像推断部分壁画为对契丹风俗习以为常的契丹画手所为。详见前引孙机文。

图 7-1

图 7-2

可以说，只有马背上的游牧射猎民族，才会有这样一种特别的情趣和视角。

除了翎羽和黑缨装饰以外，在这匹枣红马的身上，还有一处更引人瞩目的视觉表现：它的鞍鞯上装饰着繁缛、精细的花纹锦图案，鞍桥、后鞯和鞘带上镶银鎏金的金属部件，也被分别以描银贴金等手法表现得真真切切，可扪可触，可谓精美华奂之极。【见彩图 25】孙机先生曾指出，这种鞍具装饰手法颇不寻常，可以印证宋太平老人《袖中锦》中有关契丹马鞍"天下第一"的赞语。[17] 这些装饰细节固然是用来象征墓主人的高贵身份的，但它同时表明，唯有马背民族的画家，才会有这种对马具的细致兴趣。[18] 这里再一次显露了画家本人的民族身份。

2-2　壁画中的鞍马、羊犬、饮食器具，与契丹丧葬祭祀仪式上的焚烧之物

宝山 1 号辽墓壁画马鞍部位那细致精密的装饰纹样，不免令人联想到契丹贵族随葬用的银质马鞍，以及鞍马壁画与随葬马具习

图 7-1　克什克腾旗二八地 1 号辽墓石棺上的《鞍马图》
图 7-2　宝山 1 号辽墓《驭者牵马图》中的马尾装饰

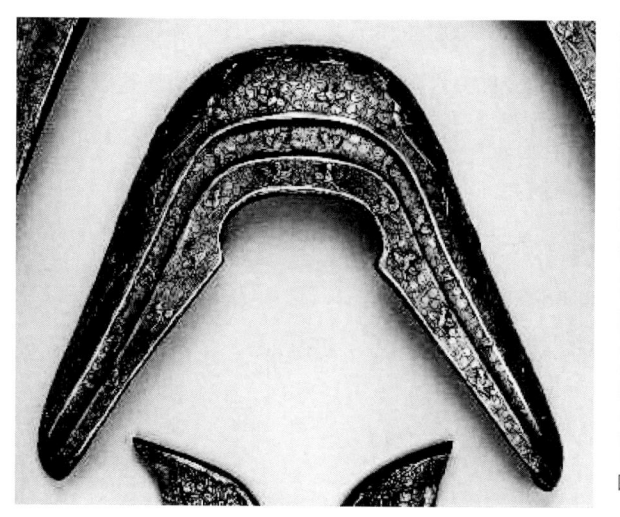

图 8　辽陈国公主墓出土的马鞍

俗之间的关系。宝山辽墓在发掘前已多次被盗，我们并不确知墓中原来是否曾葬有马具，但从其他早期契丹人墓葬的随葬品情况看，大都有车马具和兵器出土，而且尤以马具、马饰为多。如：发现于内蒙古赤峰市的辽应历九年（959）驸马卫国王墓，随葬品中有八组成套的马具，还有大批甲胄、刀剑、矛和镞等武器，充分反映了契丹游牧民族的特色，其中鎏金龙凤纹银鞍饰以及墓主人身上佩带的金蹀躞腰带，都是精湛的珍贵文物[19]；发现于内蒙古奈曼旗的辽陈国公主墓，随葬有包括鞍、鞯、络、缰、带、蹬、饰件在内的两套完整马具，两套马具全部以银片制成，其中银马鞍上錾有精密细致的花草纹和对鸟、对凤图案，图案刻纹处则施以鎏金，形成了"银地金花"的富丽华贵的装饰效果。[20]【图 8】

契丹人墓中随葬马具实际延续了东胡或鲜卑民族的葬俗。在鲜卑人和契丹人的早期墓葬中往往可见以马头随葬、或杀马殉葬的现象。[21]而且，上述新的考古发现也表明，辽代早期的契丹贵族墓中，以金银马具、甲胄和兵器随葬的现象业已普遍。圣宗统和十年（992）至兴宗重熙十二年（1043）间，辽朝屡颁"禁丧葬礼杀马，及藏甲胄、金银、器玩"之类的诏令[22]，

19　热河省博物馆筹备处：《赤峰县大营子辽墓发掘报告》，《考古学报》1956 年第 2 期，第 1-26 页。

20　内蒙古自治区文物考古研究所、哲里木盟博物馆：《辽陈国公主墓》，北京：文物出版社，1993 年，第 103-114 页；彩版 31、32；图版 25、26。

21　孙建华：《契丹族的马具与围猎——从陈国公主墓出土文物谈起》，《内蒙古文物考古》2001 年第 2 期。

可见到辽代中期以后，契丹杀马殉葬和随葬金银马具之风习依旧兴盛不衰。而库伦1号辽墓发现马的头骨则表明，直到辽代晚期，这种习俗仍然没有终止。[23]

契丹人杀马殉葬和随葬马具的习俗之所以有禁无止，其深层原因，在于其民族世代相袭的一种丧葬祭祀礼俗，即所谓"爇节"仪或"烧饭"礼。这种礼俗直到金、元时期还普遍为契丹、女真以及蒙古等草原民族所沿用。虽然《辽史》有关契丹"爇节"仪的文字叙述当中没有提到祭祀时杀马殉葬和随葬马具，只说："又筑土为台，高丈余，置大盘于上，祭酒食撒于其中，焚之。"[24]但《三朝北盟会编》以及《大金国志》有关"烧饭"的记载却明确说："死者埋之而无棺椁。贵者生焚所宠奴婢、所乘鞍马以殉之，所有祭祀饮食之物尽焚之，谓之'烧饭'。"[25]很显然，《三朝北盟会编》和《大金国志》中有关"烧饭"礼的记载，刚好也吻合于契丹葬礼以马和马具为殉的事实。透过这样一种祭祀礼仪，想象一下"烧饭"仪式上所焚鞍马的最终去处，我们便不难理解画在墓室东壁的这幅鞍马图的深意。甚至不难想象，画家莫非正是带着契丹"送往"祭祀仪式中的那份隆重的心意，才将这幅鞍马图画得那样精丽华奂、充满着情思。

契丹丧葬祭祀仪式上一起焚烧的，还不止于鞍马与饮食之物。按《辽史》所记，契丹皇帝乃至契丹贵族亡过之后，通常要于"烧饭"仪式上焚烧其生前所用的弓矢。如太平十一年（1031）六月己卯，圣宗崩，七月丁卯，兴宗于圣宗停枢的太平殿前"焚先帝所御弓矢"[26]。我们在宝山1号辽墓石室当中已经看到，其后壁壁画不仅绘有装饰华贵的箭弓与箭

22 《辽史》卷一三《圣宗本纪四》，北京：中华书局，1974年，第142页。此外，兴宗重熙十一年（1042）十二月丁卯，"禁丧葬杀牛马及藏珍宝"；重熙十二年六月丙午，"诏世选宰相、节度使族属及身为节度使之家，许葬用器服；仍禁杀牲以祭"。见《辽史》卷一九《兴宗本纪二》，北京：中华书局，1974年，第228、229页。
23 吉林省博物馆、哲里木盟文化局：《吉林哲里木盟库伦旗一号辽墓发掘简报》，《文物》1973年第8期。
24 《辽史》卷四九《礼志一》，北京：中华书局，1974年，第838页。
25 [宋] 徐梦莘：《三朝北盟会编》卷三，上海：上海古籍出版社，1987年，第18页下；《大金国志》卷三九所记，与前书基本相同，应系依据前书。另外，有关契丹、女真人殉的研究，可参看黄展岳：《古代人牲人殉通论》，北京：文物出版社，2004年，第18-29页；刘浦江：《契丹人殉制研究——兼论辽金元"烧饭"之俗》，《文史》2012年第2辑。
26 《辽史》卷一八《兴宗本纪一》，北京：中华书局，1974年，第212页。

囊，与箭弓和箭囊挂在一起的，还有一把镶金嵌银的刀剑。【见彩图 33、34】

此外，按辽国旧俗，丧葬仪式上要"刑杀羊以祭"[27]，即以公羊作为牺牲。契丹公主出嫁时，陪嫁物品中甚至还包括送终车驾和各种送终用具，而送终车上通常会载有一只公羊，谓之"祭羊"。[28] 与 1 号墓东壁那幅鞍马图首尾相接的北壁东侧，即见有一只长着一对大角的公羊。【见彩图 22】

而这种仪节，我们又可以将其上溯到汉魏时期。据《后汉书·乌桓鲜卑列传》记载：

> （乌桓）至葬则歌舞相送，肥养一犬，以彩绳缨牵，并取死者所乘马、衣物，皆烧而送之，言以属累犬（属累，乃托付也。属音之欲反，累音力瑞反），使护死者神灵归赤山……祠用牛羊，毕皆烧之。[29]
>
> 鲜卑者，亦东胡之支也……其言语、习俗，与乌桓同。[30]

其中所记"取死者所乘马、衣物，皆烧而送之"，以及"祠用牛羊，毕皆烧之"的仪式内容，皆为后来契丹、女真人的"蒬节"仪或"烧饭"礼所继承；而其中所记"肥养一犬，以彩绳缨牵"等，则不见于契丹、女真丧葬习俗的史料记载。可是，宝山 1 号辽墓墓室后壁的彩绘门扉附近，刚好就出现了一只肥大的黄犬，而且这只仿佛正在引领着一头公羊和三匹鞍马走向门外的黄犬，其脖子上也恰好系着一条红色的"彩绳"。【见彩图 20】

乌桓属于东胡民族，3 世纪后部分归化于汉族；另一部分则与鲜卑融合，其活动范围大约在后来契丹人的发祥地西拉木伦河一带。宝山 1 号辽墓壁画中的这只系有彩绳的黄犬，以及跟在黄犬后面的公羊和鞍马，表明契丹早期墓葬艺术中似乎依然保持着来自乌桓与鲜卑这类游牧与半游牧民族的古老葬俗。

27　同注 26。
28　《辽史》卷五二《礼志五·嘉仪上》"公主下嫁仪"条曰："赐公主青幰车二 ……送终车一，车楼纯锦，银螭，悬铎，后垂大毡，驾牛，载羊一，谓之祭羊，拟送终之具，至覆尸仪物咸在。"见《辽史》，北京：中华书局，1974 年，第 864 页。
29　见《后汉书》卷九〇《乌桓鲜卑列传第八十》，北京：中华书局，1965 年，第 2980 页。
30　同注 29，第 2985 页。
31　内蒙古文物考古研究所：《辽陈国公主驸马合葬墓发掘简报》，《文物》1987 年第 11 期。

这样，宝山 1 号辽墓墓室东壁和北壁所绘的鞍马、羊、犬、摆放着各种饮食器具的桌案，乃至石室内部所绘之箭弓与弓囊——这些看似寻常的家畜、饮食用具与随身武器，仿佛都是"烧饭"祭祀礼仪上致送死者之物。

将宝山辽墓那幅富于民族特色的鞍马壁画，与契丹民族随葬马具以及"烧饭"仪式上焚烧鞍马的习俗联系在一起，我们更加确信：宝山辽墓，无论是否曾有以马或马具殉葬的情况，其墓壁上的鞍马绘画，绝不仅仅是出于画家或墓主人个人对马的特别钟爱。相反，这一表现题材从其最初在契丹人墓葬中出现，就应该是连着一个为契丹民族所特有的马殉文化传统的；而且与随葬马具的用意大体相类，它是马殉习俗的另一种表现形式，故不可与古代汉民族墓葬艺术中的鞍马出行题材等同视之。同时不难理解的是，契丹作为一个"车马为家"的草原民族，马是他们出行的主要交通工具，无论游牧迁徙还是内外征战，都要依赖于马。只有从他们对马的特殊情感与依赖出发，我们才可以理解他们为什么会在葬礼上焚烧鞍马，并且在确立墓葬制度之初就发展出独具特色的马具随葬文化和鞍马人物壁画题材。

2–3 从简单的鞍马题材到大型出行仪仗：贵族身份与等级地位的建构过程

那么，宝山 1 号辽墓的鞍马壁画对后来的墓葬装饰究竟意味着什么呢？

假如说宝山 1 号辽墓的鞍马人物壁画可能不过是少数早期契丹墓葬中的个别例子，我们在其后的契丹贵族墓葬中则可以看到，伴着随葬马具习俗的延续，这一表现题材一直都是契丹人壁画墓中的一项必不可少的装饰内容，而且逐步脱离了墓室，发展成专门用于墓道两壁的一种装饰，且其场面越来越大、内容也越来越丰富。

我们从发现于内蒙古哲里木盟奈曼旗的陈国公主墓（1018）中即可以看到：到辽代中期，契丹贵族墓中的鞍马人物壁画——尽管人马的数量与宝山辽墓壁画中人马数量差别不大——其所在位置已经从墓室转移到墓道的左右两壁，以示等待墓主人出行。[31]【图 9】这一变化不仅更为清晰地界定出墓葬的室内空间和室外空间，而且也使得整个墓葬的结构

图 9

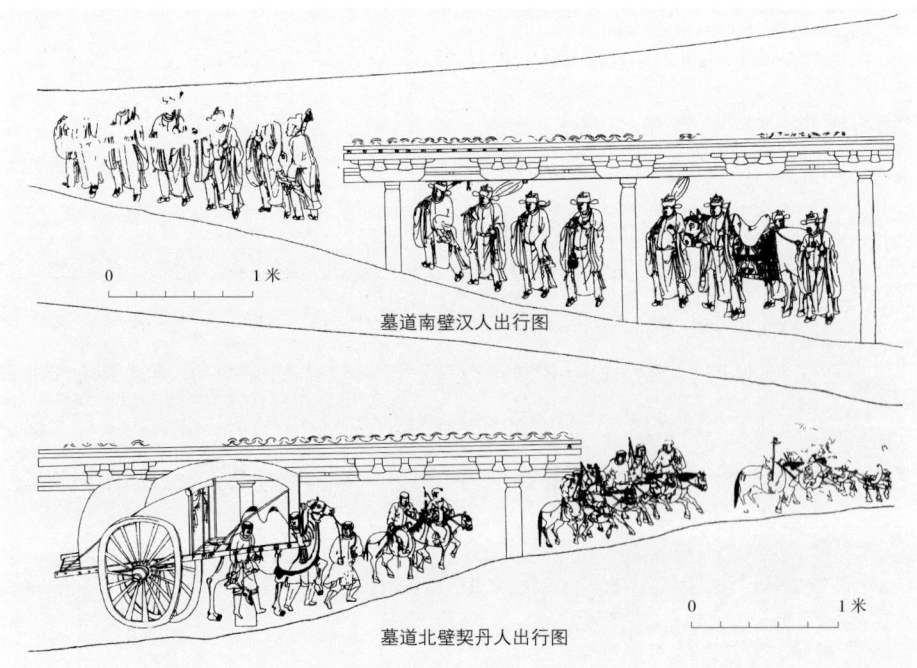

墓道南壁汉人出行图

墓道北壁契丹人出行图

图 10

安排与视觉表现，隐约具有了某种程序性与仪式性。

我们从发现于辽宁阜新的辽圣宗朝契丹显贵萧和及其夫人耶律氏的合葬墓（997—1021）[32]中又看到：该墓墓道已长达十五米，墓道两侧开始出现了契丹人和汉人分列两队的大型出行仪仗壁画，且其中人物活动又明显经过了职能上的区分，是一幅已经高度仪式化了的鞍马出行画面。

【图10】绘于南壁的，是一幅汉人出行图。画面以门庭为背景，绘徒步前行的十四名汉官队列。这个队列分为三组，最前面一组六人司仪仗，手中分别持节或宝剑；中间一组四人司杂役，一人肩荷宝剑，一人肩扛青伞，一人身背胡床，另一人则手拎一长链罐；最后一组绘四人围绕于一匹高大健硕、鞍鞯齐备的白马周围，第一人肩扛黄伞，第二人执鞭引马，第三人于白马右侧回首后顾，第四人手持长杆立于马后。十四个人物皆头戴黑色直脚簪花幞头，上身穿圆领宽袖长袍和黄色中单，下身着长裤麻鞋。绘于北壁的是一幅契丹人出行图，绘十四人分别驾驼车或骑马行进的场面，背景与南壁相同。其中，走在最前面的四骑，前三骑脱落严重，骑手不详，第四人一手控缰，一手持杆（旗？）；中间一组五骑，绘排成一列的五名契丹人在相互交谈中控马徐行，人物的背后皆有一面黄色小鼓；【图11】最后一组，前方有二骑，一手持马鞭，一腰悬骨朵，二骑之后为驼车人物，中绘一匹高大健壮的黄色双峰驼驾一辆直辕高轮车，车厢为毡棚式，前面开门，门上有卷起的门帘，帘下挂有帷帐，车厢前方还撑有凉棚，车驾前侧有三人步行引驼。画中人物皆头蓄髡发，身穿圆领紧袖长袍，腰间束带，脚蹬短靴。

与辽陈国公主墓的出行图相比，萧和墓不仅墓道增长、人马出行图场面增大，而且将出行仪仗清楚地区分为蕃汉两列，其中南壁的汉人皆徒步行走，而且多为文官和杂役服务角色，而北壁的契丹人则大都为骑在马上的武人。这类表现不免令人联想到以武功见长的契丹人与汉人之间的实际等级差别，甚至联想到辽代"以国制治契丹，以汉制待汉人"

32　萧和约卒于辽统和十五年（997）至太平十年（1021）之间，墓葬的建年当在此期；重熙十四年（1045），萧和的夫人辽秦国太妃晋国王妃耶律氏卒后，"启先王之茔"，合葬于此。参见辽宁省文物考古研究所：《阜新辽萧和墓发掘简报》，《文物》2005 年第 1 期；有关墓葬的年代，参见万雄飞：《辽秦国太妃晋国王妃墓志考》，《文物》2005 年第 1 期。

图 11

的北面官、南面官制度。[33] 我们虽不能说这类墓道壁画的用意是借以体现辽代蕃汉分治的政治制度的，但将其视为以契丹人和汉人为主体的多民族王朝及其政治制度在画工脑海中潜移默化后的一个自然流露，应该不会太过有悖于当时的实际情况。

还值得注意的是，此时的出行图，在描绘墓主人装配华丽的鞍马坐骑之外，又出现了应与墓主夫人之公主身份有关的高轮驼车——青幰车，[34] 以及象征墓主人崇高身份与地位的旗鼓仪仗。[35] 此外，以男性墓主的鞍马坐骑配汉人仪仗，以女性墓主的驼车或青幰车配契丹人仪仗的组合安排，似乎可与《辽史·舆服志》有关"辽国自太宗入晋之后，皇帝与南班汉官用汉服，太后与北班契丹臣僚用国服"的记载相吻合，[36] 看上去仿佛是时间稍晚的庆陵墓道壁画的序曲或前奏。所有这一切，无不暗示出辽代盛期契丹墓葬墓道装饰业已等级制度化。

永庆陵（东陵）为圣宗耶律隆绪和仁德皇后、钦爱皇后的葬处（1031），解放前日本人发掘此墓时对墓道部分只做过局部的清理，发现其东西两壁绘鞍马、仪仗，其中东壁七人，一为马夫手牵

图 11 辽萧和墓中的壁画《出行图》（墓室北壁第二组）（采自《文物》2005 年第 1 期）

图 12 东陵圹道人物配置图（采自《庆陵》，京都大学文学部，1953年，第 54 页）

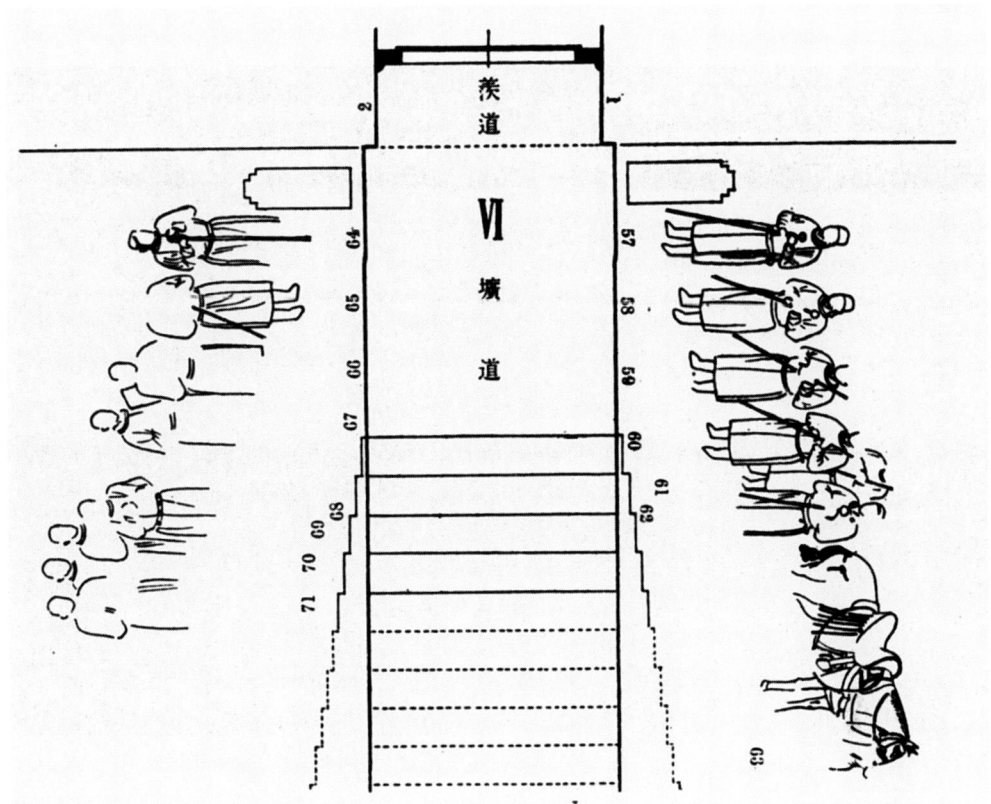

图 12

33　《辽史》卷四五《百官志一》曰："太宗兼制中国，官分南北，以国制治契丹，以汉制待汉人。"（《辽史》，北京：中华书局，1974 年，第 685 页）《契丹国志·建官制度》曰："其官有契丹枢密院及行宫都总管司，谓之北面，以其在牙帐之北，以主蕃事；又有汉人枢密院、中书省、行营都总管司，谓之南面，以其在牙帐之南，以主汉事。"（［宋］叶隆礼：《契丹国志》卷二三《建官制度》，上海：上海古籍出版社，1985 年，第 224 页）余靖：《武溪集》卷一八《契丹官仪》曰："契丹之官，领番中职事者皆胡服，谓之契丹官，枢密、宰臣则曰北枢密、北宰相。领燕中职事者，虽胡人亦汉服，谓之汉官，执政者则曰南宰相、南枢密。"（《景印文渊阁四库全书》第一〇八九册，台湾：台湾商务印书馆，1983 年，第 174 页）由此可见，像萧和墓墓道南壁的这类身着汉式官服的仪式行列，其中亦不排除有少量契丹人的可能。

34　据王庆泽先生考证，这类带有螭头、车楼，帷子饰青色帐幔的驼车，即是《辽史·仪卫志·国舆》所记契丹皇帝陪嫁给公主的"青幰车"（见王庆泽：《库伦旗一号辽墓壁画初探》，《文物》1973 年第 8 期）；类似的见解又见于 Robert Albright Rorex，"Some Liao Tomb Murals and Images of Nomads in Chinese Paintings of the Wen-Chi Story"，*Artibus Asiae*, vol. XLIV, 2/3, 1984, p.194。另，《辽史·礼志五》亦记载道："公主下嫁仪……赐公主青幰车二，螭头、盖部皆饰以银，驾驼……"（《辽史》卷五二《礼志五》，北京：中华书局，1974 年，第 864 页）

35　林沄先生注意到，《辽史·仪卫志》有天子仪仗使用"十二神纛""十二旗"和"十二鼓"的记载（见《辽史》卷五八，北京：中华书局，1974 年，第 918 页），并且说：天子将旗置于殿前或帐前，且出游在外时也要携带，以作为王权的象征，同时，也以旗鼓封赏功臣和要员；甚至辽代后期，契丹各部首脑建旗鼓已成惯例。见林沄《辽墓壁画研究两则》，吉林大学考古系：《青果集：吉林大学考古学专业成立二十周年考古论文集》，北京：知识出版社，1993 年，第 391-396 页。

36　见《辽史》卷五五《仪卫志》"舆服"，北京：中华书局，1974 年，第 900 页。又据［宋］叶隆礼：《契丹国志》："国母与番官皆番服，国主与汉官则汉服……"（见《契丹国志》卷二三《衣服制度》，上海：上海古籍出版社，1985 年，第 225 页）

一匹鞍鞯华灿的棕色马[37]【图12】，另外六人皆手持骨朵，面部斜向墓门；西壁可见绘有八人，手中亦持有骨朵，与东壁人物相似。[38] 1993 年，内蒙古的考古专家对庆东陵墓道进行了进一步挖掘，发现当年日本人没有接触到的部分竟长达 23 米。据知，发掘过程中不仅有更多的人像和马匹被揭露了出来，而且骆驼和高轮大车也再次出现了。[39] 虽然新的发掘资料还没有见诸更详细的报道，但从上述信息已不难获知，墓道的长短以及出行仪仗场面的大小，已经成为死者身份与地位的重要象征。

不仅如此，到了辽代晚期，契丹墓葬墓道两壁的出行仪仗变得更加引人注目。1956 年至 1985 年间，考古工作者在哲里木盟库伦旗先后发现了八座辽墓，估计极有可能为萧孝忠一系之萧氏家族的墓地。除 3 号墓和 5 号墓以外，其余各墓皆有壁画。

1 号墓（1080）墓道长达 22.60 米，比辽代中期的萧和墓墓道长出 7.60 米，其南壁描绘的似乎是一个等待出行的场面，共有二十四人，以契丹装人物居多，依其基本角色活动，大致可以分为三组。从紧靠天井处开始，第一组画面以一驾朝向墓外的驼车为中心，驼车的周围环绕着十四个契丹仆从，其中四位女仆手持包裹和盆具，十位男仆，除了少数车夫以外，有的手中持刀、腰佩短剑，而多数人手中则执有骨朵，可见大都是些仪卫性的角色；第二组画面为六名身着汉族官服、或肩负剑囊、或臂搭长巾的侍者；第三

37　此马双耳前倾，目光炯炯有神，马的背上搭有花鞯、鞯上置皮鞍，鞍的后桥下方垂出六条细革带，前套络头，后配后鞦，鞧带、饰件等亦多贴金箔。马的头部和身体部位用笔磊落雄健，笔笔切入马的形体体结构。虽然后腿等部位已经残损不全，但仍不失原有风貌，可谓神完形肖。若以此马与北宋李公麟的《五马图》中的《满川花》相较，顿觉满川花头大腿小，身体雍肿失度。

38　田村實造、小林行雄：《慶陵》，日本京都大學文學部，1953 年，第 39-101 页；田村實造：《慶陵の壁画》，日本：株式会社同朋舍，1977 年，第 65-109 页

39　Hsingyuan Tsao, "Deer for the Palace: A Reconsideration of the Deer in an Autumn Forest Paintings", *Arts of the Sung and Yuan*, edited by Maxwell. Hearn and Judith G. Smith, Department of Asian Art, Metropolitan Museum of Art, New York: 1996, pp.189-211.

40　吉林省博物馆、哲里木盟文化局：《吉林哲里木盟库伦旗一号辽墓发掘简报》，《文物》1973 年第 8 期；王健群、陈相伟：《库仑辽代壁画墓》，北京：文物出版社，1989 年。

41　至于有学者认为该墓道壁画表现的是一位辽代公主的婚嫁仪式，类似观点或许还需要再做进一步商榷。见 Linda Cooke Johnson, "The Wedding Ceremony for an Imperial Liao Princess: Wall Paintings from a Liao Dynasty Tomb in Jilin", *Artibus Asiae*, vol. XLIV, 2/3, 1984, pp.107-32.

42　王建群：《库伦旗 2 号辽墓发掘散记》，《社会科学战线》1978 年第 1 期；王建群、陈相伟：《库仑辽墓发掘报告》，《中国考古集成》东北卷 辽（二），北京：北京出版社，第 907-932 页。

43　有学者将这类墓道壁画分别称作《出行图》与《归来图》，似乎与实际情况不尽相符。

组画面描绘的是出行图中的四个前导人物。这些人物多回头望向墓门，仿佛在等待墓中的主人。【图13】墓道北壁大致可以分为鞍马车驾、旗鼓仪仗和车骑前导三个部分，一共绘有二十九人，以身穿汉装的人物居多。靠近天井的第一组画面，绘主人车骑、鞍马与随从；第二组画面描绘旗鼓仪仗队列，以及分别背荷长囊、肩扛交椅、手持长杆、臂搭长巾做预备行进状的侍者；第三组为车骑前导。[40]该墓道画面内容虽为出行仪仗，但与我们在北朝大墓和唐代大墓中所见的仪仗有所不同，这里的仪仗不仅反映了许多契丹民族的固有习俗，而且反映了更为真实的人物活动，尤其是画中男女主人的出场，进一步表明了墓道壁画的整个场景活动与死者本人及其生前生活、身份地位的关联。[41]

　　2 号墓墓道壁画内容及其画面布局与 1 号墓十分类似；[42] 7 号墓墓道长二十四米，两壁亦分别以墓主夫妇的坐骑鞍马和骆驼为核心，绘分别手持伞、杖和骨朵的仪仗行列，墓道外侧还绘出松树和山冈为出行仪列的活动背景；[43]【图14】8 号墓工程最为浩大，墓道长达 30.70 米，从残存的部分壁画看，与 1 号墓和 2

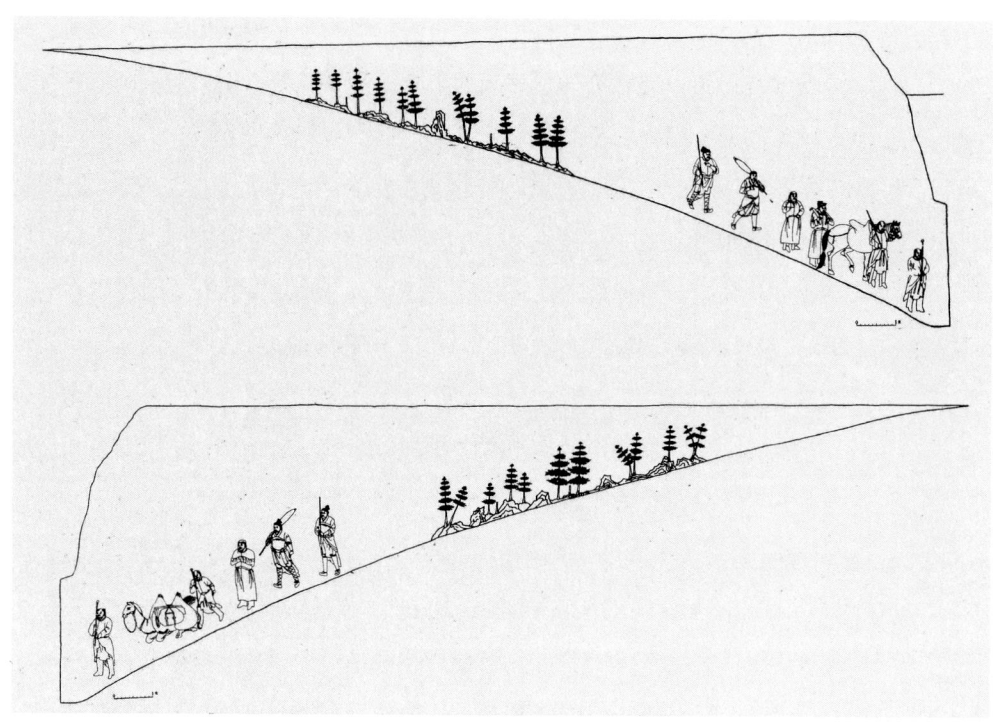

号墓墓道壁画内容基本类似，亦有鞍马、驼车和旗鼓仪仗，而且也是将汉装仪列绘在南壁，将契丹装仪列绘在北壁，但仪仗场面更大，人物更多，且尺幅等身。[44]

图14　内蒙古库伦旗7号辽墓墓道壁画《出行图》（采自《文物》1987年第7期）

　　与中期墓葬相比较，辽代晚期的契丹贵族墓，其墓道壁画虽则保持着中期鞍马、驼车出行仪仗的基本规制，但显而易见的是，其墓道长度、车马仪仗壁画的规模及其仪式化程度的增长变化，简直是惊人的。相比之下，在整个辽代，汉人墓葬，除了个别身份地位特别显赫者外[45]，很少有使用长墓道的例子。

　　我们知道，北朝至唐代的贵族墓葬曾一度流行长墓道，墓道两壁绘有大型仪仗场面，以象征墓主人的身份等级，烘托丧葬仪式的隆重、庄严。可是到了唐代中晚期，随着贵族制度的渐趋衰落，墓葬开始朝着小型化的方向发展，原来的那种长墓道也便不再出现了，取而代之的是只有短墓道和影作砖雕门楼的方形小墓的新样式，就像我们从北京八里庄王公淑墓和宝山辽墓所见的那样，俨然是一个富贵人家的华丽家宅。那么究竟是什么原因导致契丹人逐步采纳了为中晚唐以后墓葬所放弃的长墓道及其大型仪仗壁画装饰呢？或者，即便契丹人不曾有意模仿过唐代的墓葬，那又是什么动力促使他们逐步发展出以长墓道来表现车马出行仪仗的丧葬习俗呢？我们在上述契丹人的墓葬材料中看到，那些使用长墓道的墓葬，基本上全都属于契丹上层贵族。所以很显然，在辽代中晚期，这种长墓道以及墓道两壁的鞍马、驼车出行仪仗，已经成为契丹上层贵族的一种身份标志和等级地位象征。可以想象，从无墓道到有长墓道，从简单的鞍马人物到大型的出行仪仗，这一切，都是以鞍马和驼车为基本元素，不断铺陈、演绎、发展起来的。契丹人对鞍马、驼车的表现竟有如此执著，以至使其成为他们墓葬艺术中的一个最有稳定性、最具想象力，同时又最能彰显他们民族个性的艺术母题。

然而，即便鞍马出行题材发展成后来墓道装饰中用以标志契丹贵族高贵身份和等级地位的大型鞍马、驼车出行仪仗，最终也还是没有摆脱与"烧饭"祭祀仪式的联系。有关辽圣宗葬仪的记载告诉我们：太平十一年（1031）十一月壬辰圣宗下葬庆陵时，"皇族、外戚、大臣、诸京官以次致祭。乃以衣、弓矢、鞍勒，图画马驼仪卫等物，皆燔之。"[46]圣宗葬仪上焚烧的所谓"图画马驼仪卫等物"，显然已去到了圣宗的庆东陵，变成了其墓道两侧大型仪仗壁画里面的内容。

44　内蒙古文物考古研究所、哲里木盟博物馆《内蒙古库仑旗七、八号辽墓》，《文物》1987年第7期。

45　刘未先生在其硕士学位论文中，即曾提举到知古家族墓葬采用契丹高级贵族葬制的情况："知古家族在辽朝地位虽然显赫，但其中得攀升与契丹高级贵族同列的惟有韩匡嗣一支而已……其子韩德让更赐姓耶律，受顾命辅睿智皇后执政，并置有斡鲁朵文忠王府，位亲王上，死后赐陪葬地，葬礼依承天太后故事，影堂制度一如乾陵，并以皇子为之嗣，可谓位极人臣……韩氏家族这一支系还多与契丹贵族联姻，多人赐姓或改姓耶律，墓志也用契丹文书写，不单在文化上几乎完全呈现契丹面貌，即其血统也含有契丹因子，其重要家族成员墓葬采用契丹高级贵族葬制则在情理之中。"见刘未《辽代墓葬研究》，北京大学考古文博学院硕士学位论文，2004年，第59页。

46　《辽史》卷五〇《礼志二》"丧葬仪"中的这段文字，点校者点作："皇族、外戚、大臣、诸京官以次致祭。乃以衣、弓矢、鞍勒、图画、马驼、仪卫等物皆燔之。"（北京：中华书局，1974年，第839页）笔者以为，将"图画"二字视为名词与"鞍勒""马驼、仪卫等物"并列，整句难以读通；相反，如将"图画"二字视为动词或动名词，整句话则变得更加晓畅。也就是说，这里的"马驼、仪卫等物"，并不是真马、真驼和真人，而应该是绘有"马驼、仪卫等物"的图画。

图 16

图 15

三、服侍人物形象，为何看上去那么逼近生人

3-1 "笔法简练、追求写实"的人物形象

宝山辽墓壁画的另一引人注意之点，就是发掘报告所称述的那些"笔法简练，追求写实"的服侍人物形象。[47] 这类服侍人物形象的尺度大都与真人等高，与石房子内部之历史与神话故事画中那些身高不超过 40 厘米的人物形象相映成趣。

首先，绘于 1 号墓墓室西壁的七个侍者，其中二人手执器皿，另外五人叉手待命，皆身穿契丹民族的圆领窄袖左衽袍服。【图 15，见彩图 13】与同时期汉人墓葬壁画中的服侍人物形象相比，宝山辽墓的这些服侍人物形象，其面部刻画明显十分具体，无论是面部的造型，还是五官的大小与比例，都显现出对不同人物形象特征的留意。比如，我们从南起第七位侍者的面孔上看到，这位粗眉毛、单眼皮、带着一脸稚气的契丹少年，其眉毛竟然被一根一根地描绘了出来，而且眉弓顶端和眉弓底部眉毛的生长方向，也都刻画得具体而微，完全合乎眉毛的自然生长规律。【图 16，见彩图 17】这些迹象令我们感到，原报告所表述的"追求写实"一语，确非虚出。

不仅如此，如将视线转移至位于墓门和石室门两侧的侍者，我们会进而感觉到，那些形象被描绘得比墓壁上的人物形象更加真实、

图 17 　　　　　　　　　　　　　　　　　　　图 18

生动；而且，似乎越是靠近死者所在位置的侍奉人物，其形象就越是被描绘得格外用心，尤其是对侍者面部造型特征与表情的刻画，最是具体、细致和"追求写实"。如 1 号墓墓室南壁墓门两侧行叉手礼的一老一少两位仆从，年老的仆从面蓄长须，从其头上的黑冠和身上穿的团花褐袍来看，应该是有一定身份或地位的长者，[48] 他眉头微锁，双目前视，双唇紧闭，表情十分严肃，四分之三侧面的脸上，显出高高的颧骨和一个大大的弯钩鼻子，而且值得留意的是，这位老者面部的用色，显然还考虑到体和面之间的明暗转折；【图 17，见彩图 10】年轻的仆从头梳短发、身着粉红袍、身态显得比较宽胖，其丰腴、平阔的面颊上颧骨隆起，颌部扁平，高眉弓，大眼睛，鼻梁凸起而鼻准内收，嘴唇稍厚而下嘴唇略微外凸，眼珠部位还着意绘出晶莹透明的瞳孔，眼睑上方折纹线的刻画，更是增强了面部的肌肤之感。【图 18，见彩图 12】再如在 1 号墓石室内部，位于门扉西侧的那位穿着黑地红领花袍的袖手女性形象，其下颌宽平，脸膛圆中带方，浅平额头的下方是一副有转角、有透视、结构精确而清晰的细秀眉毛和单眼皮眼睛——没有丰富的写像经验，这些细节断不可能表现得这样细致、妥帖。

　　宝山 2 号辽墓墓室四壁的壁画内容早已残毁一尽，但石室门侧的侍者形象却基本保存完好。正如巫鸿先生所分析的那样，由于该墓墓主

47　齐晓光等：《内蒙古赤峰宝山辽壁画墓发掘简报》，《文物》1998 年第 1 期。
48　由于契丹男子很少着冠，而该人物看上去又是高鼻深目，其族属是否为契丹族尚且存疑。

图 19

图 20

图 19　宝山 2 号辽墓
石室门外南、北侧侍
吏

图 20　宝山 2 号辽墓
石室内东壁墓门两侧
的女仆形象

图 21　宝山 2 号辽墓
石室内东壁墓门北侧
女仆（局部）

图 22　宝山 2 号辽墓
石室内东壁墓门南侧
女仆（局部）

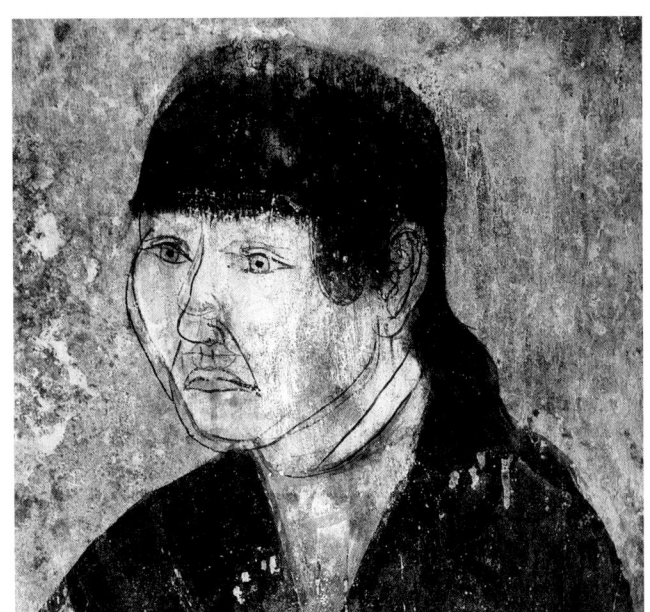

图21   图22

人系一女性贵族，石室内部等于说是一个女性空间，故其石室外部门侧
画的是两名男性侍吏【图19，见彩图49、51】，而石室内部门扉两侧所绘者，
则是两名秀发齐眉的女仆形象【图20，见彩图52】。我们在这两个女仆像
上看到，身着白袍的年少女子，面轮浑圆，五官细巧，表情肃穆而纯净
【图21，见彩图54】；身穿皂袍的年长女子，面部清瘦，颧骨微凸，呆滞
的目光和紧闭的双唇，显出一脸哀伤的表情，仿佛依然沉浸在葬礼的哀
痛当中。令人惊叹的是，这位年长女子面部的线条竟然精练到多不可减、
少不可增的地步，而且笔笔深入皮下的骨骼和肌肉结构，看上去是那样
的严整扎实、有骨有肉。【图22，见彩图53】没有对人体骨骼肌肉的深入
了解，很难想象可以达到这样的表现力。更引人注目的是，2号墓石室
内部的这两名女侍，如同我们在1号墓墓门旁侧的两名侍者像中所见的
那样，其于灰褐色眼珠的上方点绘黑色瞳孔的画法，在中国古代墓室壁
画中实属罕见，没有发达的肖像画传统，如此追求生动、逼真的画法是
不可以想象的。

3-2　壁画中的人物形象与辽代肖像画传统

的确，如将两墓壁画中的这些侍奉人物形象放置在一起，我们会更

图 23

图 24

图 25

图 23 辽陈国公主墓墓室
壁画中的侍者形象
图 24 内蒙古赤峰市元宝
山区砂子山辽墓中的门吏图
（赤峰市博物馆藏）
图 25 内蒙古昭乌达盟敖
汉旗北三家 1 号辽墓墓道西
壁的契丹侍者形象
图 26 辽代彩绘木椁上所
绘的侍者形象（采自《文物》
2000 年第 11 期）

图 26

加惊异地发现，这些手法写实的人物画面，简直就是一幅幅面目各异、富于鲜明个性特征的肖像画。

如同宝山 1 号辽墓壁画中的鞍马人物题材一样，宝山辽墓壁画中这类明显带有肖像画特征的服侍人物形象，也绝不是契丹墓葬艺术中的一个孤例，相反，我们在许多契丹贵族的墓葬当中，都发现了这类肖像化的侍者形象。如陈国公主墓中的侍者图【图 23】、内蒙古赤峰市元宝山区砂子山辽墓中的门吏图【图 24】、内蒙古昭乌达盟敖汉旗北三家 1 号辽墓墓道西壁的侍者图【图 25】，以及辽宁省博物馆所藏辽代彩绘木椁上所绘的侍者形象【图 26】等等，皆是这样的例证。尤其是庆陵壁画中的那些数量惊人的侍者形象，最具代表性。

在出现于辽圣宗永庆陵的七十一个与真人等高的彩绘人物形象中，最值得注意的是绘在墓室内部的五十六个侍奉人物。[49]【图 27】这些人物分别着紫、绿、青等色圆领窄袖衫，腰束革带，大都为拱手或叉手侍

49　田村實造、小林行雄：《慶陵》，日本：京都大學文學部，1953 年，第 39-101 页；田村實造：《慶陵の壁画》，日本：株式会社同朋舍，1977 年，第 65-86 页。

图 27　辽庆东陵墓室复原图（剖面）（选自傅熹年编《中国建筑》）

立的契丹髡发男性形象，【图28】也有少数头戴圆帽和直脚幞头的。他们的年纪、高矮、面容、身态各不相同，与圹道东西壁面的出行人物相比，差别十分显著。圹道两壁的人物形象是非个性化或概念化的，[50]旨在表示出某一类社会角色而已；墓室内部的人物形象，其面部刻画技艺最是精湛，充分表现出不同人物的鲜明个性。如绘于前室北通廊东壁的一位持弓壮年契丹人，头蓄髡发，椭圆脸型，下巴略尖，前额短而平阔，颧骨高高突起，双唇紧闭，目光炯炯，面部轮廓与五官外形用线沉厚有力，而发丝尤其是嘴上髭须用笔比较纤细，眉弓下方与眼窝相连处着重强调地表现出眼部周围的实际结构，瞳孔描黑，上下眼睑用线粗细有变，有较强的厚度感和透视效果【图29-1、29-2】；前室东耳室一老者像为半侧面像，髡发，额头、眼圈和鼻梁处亦多以细线表现皱褶，鼻直挺，鼻头略呈鹰钩形，嘴唇上下圆，下颌部位用笔方直，有较强的体量感【图30】；绘于前室后部西壁左侧一名身穿汉装，头戴直脚幞头的汉族侍吏，面型圆胖，五官扁平，颌骨内陷，画家以有限的用笔，充分表现出人物脸部丰满的肌肤之感【图31】；绘于前室西通廊南壁的一位契丹老者形象，其鹅卵形的头部轮廓圆中带方，轮廓线的起伏、转折概括而准确地凸现出颅顶、额头、颧骨、下颌等重要骨点的位置关系；其五官部位那方折老辣的用笔技巧，更是恰到好处地表现出老人面部表情的坚毅与沧桑，一眼望去，一个饱经风霜的契丹尊长正与你默然相对。【图32】

不难推知，这些侍者形象多是出自辽代肖像画师中的上手。面对这样一些高度写实的人物画，我们不禁要感叹契丹民族那高度发达的肖像画技巧。颇有意味的是，庆陵墓室壁画里的许多侍者形象，其上方还残留着笔迹各异的墨书契丹小字题名。这些契丹小字题名，无疑与其所对应的人像有关，表明画中人物在当时应该实有其人，甚至可能就是圣宗生前的臣仆。

于此我们不免要问：契丹人为什么要以如此高度写实的肖像画表现技法来描绘墓葬壁画中的仆人形象呢？在回答这一问题之前，首先让我们简单回溯一下有辽一代的肖像画传统。

事实上，与人马画一样，肖像画早在辽国建立之初，就已经是体现契丹人绘画成就的一个重要方面。许多学者都注意到，画史中记载的东丹王耶律倍（李赞华），即善画契丹本国人物，而不作中国衣冠，所画者，多贵人酋长。[51] 显然，他是一位擅长写像的画家。兴宗与道宗时的耶律褭履，也因长于写像而被召拜同知院宣徽事，而且具有凭记忆写像的超凡能力。实际上，辽代擅长写像的画家，绝不止于画史中所记的耶律倍和耶律褭履二人，相反，这一画种在辽代一直有着坚实的传统。据《辽史》记载：辽太祖耶律阿保机（916—926年在位）"天显元年（926）平渤海，归乃展郭郭、建宫室，名以天赞。起三大殿，曰开皇、安德、五銮，中有历代帝王御容，每月朔望、节辰、忌日，在京文武百官并赴致祭。又于内城东南隅建天雄寺，奉安烈考宣简皇帝遗像"[52]。太宗（927—947年在位）会同元年（937）六月，"诏建日月四时堂，图写古帝王事于两庑"[53]。圣宗（983—1031年在位）所建立的中京，"皇城中有祖庙，

50　田村實造：《慶陵の壁画》，日本：株式会社同朋舍，1977年，第87页。
51　《图画见闻志》卷二《纪艺上》，《画史丛书》（一），上海：上海人民美术出版社，1962年；《宣和画谱》（一）卷八，王云五主编《丛书集成》初编，上海：商务印书馆，1936年，第231-232页。
52　《辽史》卷三七《地理志一》，北京：中华书局，1974年，第440页。
53　《辽史》卷四《太宗本纪下》，北京：中华书局，1974年，第44页。

图 28　辽庆东陵墓室壁画中的契丹侍者
形象（局部）（采自《庆陵》）

图 29-1　辽庆东陵前室北通廊壁画中的
契丹侍卫像

图 29-2　辽庆东陵前室北通廊壁画中的
契丹侍卫像（局部）

图 30　辽庆东陵前室东耳室壁画中的契
丹老者像（局部）

图 31　辽庆东陵前室后部西壁左侧壁画
中的汉族侍吏像（局部）

图 32　辽庆东陵前室西通廊南壁壁画中
的契丹老者像（局部）

图 28

图 31

80

图 29-1

图 29-2

图 30

图 32

景宗、承天皇后御容"[54]；辽南京皇城内"有景宗、圣宗御容殿二"[55]。

这种写像传统不仅与有辽一代的祭祀礼仪相关，而且又在很大程度上与当时的丧葬习俗相关。按辽代的制度，帝后陵园之内一般都建有专门的"御容殿""影堂"，以陈列已故帝后的影像，供后人四时祭拜。[56]《契丹国志》就曾记载道：辽天庆九年（1119）夏，"金人攻陷上京路，祖州则太祖之天膳堂，怀州则太宗之崇元殿，庆州则望仙（庆陵）、望圣、神仪三殿并先破，乾、显等州如凝神殿、安元圣母殿、木叶山之世祖诸陵、皇妃子弟影堂，焚烧略尽。"[57] 祖州、怀州、庆州及乾、显等州，皆契丹王室与后族的陵区所在。从《辽史》所记"太祖陵，凿山为殿，曰明殿，殿南岭有膳堂，以备时祭"的情况看[58]，崇元殿、望仙殿、望圣殿、神仪殿、凝神殿、安元圣母殿等享堂类建筑物，应与太祖的"天膳堂"一样，皆位于陵墓前方的不远处，而陵园之内用于供奉死者画像的御容殿与"皇妃子弟影堂"，正应安设于此。由此可见契丹王室陵寝设御容殿与影堂之普遍。于寺院当中奉安前代皇帝遗像的做法，无疑唐代已经有之。至于专设影堂的习俗，则是来自中唐五代之际寺院造作亡过高僧"影堂"，绘制已故高僧"真容"之类佛教丧葬习俗的影响。而且，这一习俗在辽代中晚期的延续和发展，与宋代绘制帝后肖像用为供祭对象的做法之间，似乎也难免会有横向的关联。

可是辽代的这类肖像画，其应用的范围却不限于历代帝王及其后妃子弟。辽太祖耶律阿保机就曾于神册六年（921）"诏画前代直臣像为《招谏图》"[59]。 更值得注意的是，在辽朝，当一个皇帝驾崩之后，其生前所宠之臣也多被画在皇帝的御容殿里，以示继续陪伴死去的皇帝。如景宗朝宰相耶律隆运（韩德让），即因功业显著，死后得以陪葬景宗的乾陵，"诏影堂制度一同乾陵，又诏诸处应有景宗御容殿，皆以隆运真容

54　《辽史》卷三九《地理志三》，北京：中华书局，1974 年，第 482 页。

55　《辽史》卷四〇《地理志四》，北京：中华书局，1974 年，第 494 页。

56　《辽史》中多有记载，如卷一八《本纪·兴宗》，北京：中华书局，1974 年，第 212 页。

57　《契丹国志》卷一一《天祚皇帝中》，上海：上海古籍出版社，1985 年，第 117 页。

58　《辽史》卷三七《地理志一》，北京：中华书局，1974 年，第 442 页。

59　《辽史》卷二《太祖本纪下》，北京：中华书局，1974 年，第 16 页。

60　［宋］叶隆礼：《契丹国志》卷一八《耶律隆运传》，上海：上海古籍出版社，1985 年，第 176 页。

61　《辽史》卷一〇《圣宗本纪一》，北京：中华书局，1974 年，第 109 页。

62　《辽史》，《本纪第十八·兴宗一》，北京：中华书局，1974 年，第 212 页。

置之殿内。"[60] 统和元年（983）景宗崩时，"皇太后诣陵置奠，命绘近臣于御容殿。"[61] 圣宗崩时也不例外。据《辽史》记载：

> （兴宗景福元年，1031）秋七月……癸丑，诏写大行皇帝御容……丁巳，上谒大行皇帝御容，哀恸久之，因诏写北府宰相萧孝先、南府宰相萧孝穆像于御容殿。[62]

很显然，当兴宗皇帝面对刚刚逝去不久的父亲的画像，哀伤之余，因不忍其孤独，而诏画师图写了当时尚且健在的两名圣宗爱臣——萧孝先、萧孝穆的真容，用以陪伴圣宗皇帝的亡灵。不难推知，兴宗为圣宗修建永庆陵时，应是出于类似的用意，才让画师在墓壁上画出了那些栩栩如生的人像。[63] 壁画当中的那些带有榜题的人物形象，可能就是圣宗皇帝生前的臣仆和近侍——他们多数应是当时仍然活在世上的人。这种将生人画进御容殿和墓葬当中以示陪伴和侍奉死者的做法，令我们不由得联想起"烧饭"礼中"贵者生焚所宠奴婢"的记载，联想起契丹皇帝以生人殉葬的习俗。

3-3 侍者的肖像与契丹人殉习俗

据《辽史·太祖淳钦皇后述律氏传》："太祖崩，后称制，摄军国事。及葬，欲以身殉，亲戚百官力谏，因断右腕纳于柩。"[64] 关于这件事情，《新五代史》有不同的记载：辽太祖崩，皇后述律氏"杀其大将百余人"，当往而不肯行的大将赵思温对皇后说："亲莫如后，后何不行？"述律氏则托以子幼和国中多故，不能亲行，并断去一只手腕，以示自己殉葬

63　这里要附带一提的是，《辽史》记载，圣宗的儿子兴宗，本身是一位卓有绘画才艺的君主。在他的统治时期，出现了善写肖像的耶律褭履、奉诏绘制过《南征得胜图》的陈升和追仿边鸾花鸟画风的萧瀜等著名画家。其中，身为六院夷离董蒲古只之后、重熙年间（1032-1055）累迁同知点检司事的契丹画家耶律褭履，即以擅长写像而知名，据说他后来出使宋朝时，曾凭记忆绘写过仁宗的肖像（据《辽史》卷八六《耶律褭履传》，北京：中华书局，1974年，第1324页）。所以，正如田村实造和小林行雄所分析的那样：兴宗为父建陵时，这些画家很有可能参与了陵墓壁画的创作活动（见田村实造、小林行雄：《庆陵》，日本：京都大學文學部，1953年，第99-101页）。这一点或许可以解释画在庆陵墓室里的这些肖像画的表现技法为何如此高超的原因。

64　《辽史》卷七一《列传第一》，北京：中华书局，1974年，第1200页。

83

的诚意。[65]

又据《辽史·耶律颓昱传》：

> 后将葬世宗（951），颓昱恳言于帝（穆宗）曰："臣蒙先帝厚恩，
> 未能报；幸及大葬，臣请陪位。"帝由是不悦，寝其议。薨。[66]

从中可知，世宗下葬时，身为惕隐、兼政事令、受封漆水郡王的耶律颓昱
曾请求为世宗殉葬，只是没能得到穆宗的许可。[67]

又据《辽史·圣宗本纪》：

> 统和元年（983）二月……甲午，葬景宗皇帝于乾陵，以近幸朗、
> 掌饮伶人挞鲁为殉。[68]

堪可注意的是，景宗下葬前，亦有渤海挞马解里主动要求殉葬而未被允许，
而实际所用的殉人，却选择了服侍景宗日常生活的近侍。[69]

事实证明，以生人殉葬在当时并不是契丹皇帝所专有的特权。刘浦江
先生曾揭出：景宗第三女延寿奴出猎时不幸被鹿触死，承天太后遂缢杀驸
马都尉萧肯头（萧恒德），以为公主殉葬。[70] 考古发现资料进一步表明，
直到辽代晚期，契丹贵族的墓葬当中还有使用人殉的现象。发现于1972
年的库伦1号辽墓，墓主人可能是萧孝忠（萧孝穆之弟）近族中的晚辈，
考古工作者在该墓墓室和南北耳室发现了很多已被扰乱的人骨，人骨当中
有头盖骨十枚，从骨架部分可辨有男有女，且有小孩的大腿骨。从这些人
骨的颚骨臼齿绝大多数磨损不大的情况看，青壮年占据相当数量，可知除
了墓主夫妇的骨骸以外，其余年轻死者皆是作为人殉的。[71] 这一发现，
无疑是契丹贵族人殉习俗的一个力证。可以想象，这些年轻的死者生前莫

65　《新五代史》卷七三，北京：中华书局，1974年，第902页。

66　《辽史》卷七七《耶律颓昱传》，北京：中华书局，1974年，第1262页。

67　刘浦江先生认为，穆宗对世宗称帝本来就耿耿于怀，耶律颓昱主动请求为世宗殉葬，自然会引得穆
　　宗的不快。这倒不是因为当时没有人殉的先例。见刘浦江：《辽代人殉制研究——兼论辽金元"烧饭"
　　之俗》，《文史》2012年第2辑。

非也是墓主人的近侍。

回到前面的问题：为什么在许多契丹贵族的墓葬中，侍者的形象——就像宝山辽墓壁画和庆陵壁画中所见的那样，不仅要以如此写实的肖像画形式来表现，还要画得与真人等高，甚至要在像侧题写人名榜题呢？

将契丹王室及其后族的人殉习俗与前述影堂资料联系起来，我们恍然看到了问题的答案。那就是：在契丹人的眼里，这些侍者形象绝不像我们通常于汉人壁画墓中所见的那些千篇一律的侍者形象那样，只不过是些虚构的人物而已；相反，这些形象多可能本自死者生前之近侍或臣仆的样貌而绘，之所以要与真人等高也是为了看上去与真人无异。这样，这类高度写实的人物形象，一方面可以代替那些可能的殉人去陪伴死者，另一方面也和墓中的鞍马壁画（尽管墓中已经安葬着象征鞍马的马具，甚至马首）题材一起烘托出死者来世之家的亲切气氛，以令死者真切地感到前世生活仍在继续。

四、网衣、面具与死者的身体

4-1　网衣与契丹早期"风葬"习俗

宝山辽墓壁画中所绘的鞍马，无疑是墓主人的坐骑；宝山辽墓壁画中的侍者形象，无疑是墓主人的近侍和奴仆。他们的主人，却和绝大多数墓葬中的契丹贵族一样，并不在壁画当中出现。发现于库伦1号辽墓墓道壁画中的墓主夫妇形象，目前还几乎是个孤例。可是当我们想到墓中的主人时，宝山辽墓的另外一个引人注意之点——位于尸床上方的网衣痕迹，再次激起了我们对契丹民族处理尸体以及其他相关葬俗的

68　《辽史》卷一〇《圣宗本纪一》，北京：中华书局，1974年，第109页。
69　刘浦江先生根据这段记载推断：以当时的惯例，殉人的对象主要应是皇帝生前的近侍。这一推论，刚好可以解释许多大臣请求殉葬而未得许可的原因。见前引刘浦江文。
70　见前引刘浦江文。
71　吉林省博物馆、哲里木盟文化局：《吉林哲里木盟库伦旗一号墓发掘简报》，《文物》1973年第8期。

好奇。

考古发掘报告说：1号墓"在石房后半部以带花纹的长条形砖砌筑尸床，长 2.6 米、宽 1.17 米、高 0.25 米。周围有散弃的尸骨。据残存遗物可知，尸床原罩有木雕彩绘小帐。在残碎丝织物上还发现了银丝网络印痕……"[72] 由于以往发现铜丝网衣的墓葬，有铭文或题记资料的多为契丹萧氏之墓，故有学者曾推测这种葬制可能为契丹萧氏所专有。[73] 而宝山1号辽墓银丝网衣残迹的发现，显然纠正、刷新了这一认识。与1号墓情况类似，2号墓石房后部亦作尸床，尸床上见有一具已被扰乱的成年女性的尸骨残迹。"另据墓内残存木构件，可知石房内原有雕绘精美的木制小帐。"[74] 虽说关于小帐的推测因缺乏对实物遗迹的具体描述暂且存疑，但"网络印痕"却是一个信而有征的发现。这一发现向我们表明，早在辽初，即在契丹人开始实行土葬之时，甚至更早，已经存在着以金属网衣装殓死者尸体的习俗。

契丹贵族墓葬当中使用网衣和小帐的现象极其普遍，通常与网衣、小帐一并出现的，还有用于覆盖死者面部的金、银或铜质面具，三者共同构成了契丹贵族殡葬习俗中的一个标志性特色。宝山辽墓不见面具，或许因墓葬多次被盗，面具已同银丝网衣一道早被盗墓者洗劫一空了。据彭善国先生的最新统计，目前发现使用金属网衣和面具等殓具的契丹贵族墓葬有三十四座，这些殓具"从辽建国之初就已出现，与辽朝的兴亡相始终。但中晚期出土较多"[75]。又据冯永谦先生更早的观察，这三十多座墓葬中，多同时伴有小帐出土。[76]

以往由于早期契丹人墓葬发现得很少，我们曾以为契丹使用铜丝网衣、面具和小帐的丧葬习俗只是到辽代中期才发展起来的。而宝山辽墓

---

72 内蒙古文物考古研究所、阿鲁科尔沁旗文物管理所：《内蒙古赤峰宝山辽壁画墓发掘简报》，《文物》1998 年第 1 期。

73 马洪路：《契丹葬俗中的铜丝网衣及其有关问题》，《考古》1983 年第 3 期。

74 内蒙古文物考古研究所、阿鲁科尔沁旗文物管理所：《内蒙古赤峰宝山辽壁画墓发掘简报》，《文物》1998 年第 1 期。

75 彭善国：《辽代契丹贵族丧葬习俗的考古学观察》，《边疆考古研究》第 2 辑，上海：科学出版社，2003 年，第 298-308 页。

76 冯永谦：《建国以来辽代考古的重要发现》，《辽金史论集》第一辑，上海古籍出版社，1987 年，第 297 页；李逸友：《辽代契丹人墓葬制度概说》，《内蒙古东部区考古学文化研究文集》，北京：海洋出版社，1991 年；又见《中国考古集成》东北卷 14，北京：北京出版社，1997 年，第 130-146 页。

银丝网络残迹的出现，无疑已将契丹民族开始使用这类葬具的时间下限提早到辽代建国初年。可问题是，尽管宝山辽墓是目前所知最早的辽代契丹贵族墓，墓中所见的葬具与文献记载的契丹早期葬俗仍然相去甚远。众所周知，文献记载的契丹早期丧葬，形式十分简单。如《北史》和《隋书》所言：

> 但以其尸置于山树之上，经三年后，乃收其骨而焚之。[77]

又如《旧唐书》所言：

> 其俗死者不得作冢墓，以马驾车送入大山，置之树上，亦无服纪。[78]

类似记载亦见之于《新唐书·契丹传》。可见直到唐代，契丹人总体上还保持着这种所谓"风葬"与火葬结合的习俗。但亦有迹象表明，在与唐王朝频繁接触的过程中，契丹人已逐步开始采纳了汉民族的土葬。[79]到辽王朝建立前后，情况很快发生了很大变化，契丹民族不仅已经确立了墓葬制度，[80]而且显然还形成了一套保存尸体的独特风俗。最近，德国学者 Dieter Kuhn 已认识到："（契丹）网衣的使用可能与辽代的尸体标本制作风俗相关，这是契丹人的殡葬观，但其起源不详。"[81]

据《资治通鉴》记载：后汉天福十二年（947），辽太宗耶律德光攻晋归途中得疾暴亡，"国人剖其腹，实盐数斗，载之北去，晋人谓之

77　《北史》卷九四《列传》第八二，北京：中华书局，1974 年，第 3128 页。《隋书·契丹传》（卷八四，北京：中华书局，1973 年，第 1881 页）所记，与《北史》一致。

78　《旧唐书》卷一九九下《列传》第一四九下，北京：中华书局，1975 年，第 5350 页。

79　参见张柏忠：《契丹早期文化探索》，《考古》1984 年第 2 期；《科左后旗呼斯淖契丹墓》，《文物》1983 年第 9 期；《内蒙古哲里木盟发现的几座契丹墓》，《考古》1984 年第 2 期。

80　同注 79。

81　Dieter Kuhn, "Die Kunst des Grabbaus-Kuppelgraeber der Liao-Zeit（907-1125）", *Wuerzburger Sinologische Schriften*, Heidelberg,1997, p.215. Dieter Kuhn（承库恩）教授惠赐大著，中山大学德语系教师凌曦博士帮助释译相关内容，于此谨致谢忱！

帝[](弒)。"[82]

宋人文惟简所著《虏廷事实》又记载说：

> 北人丧葬之礼，盖各不同……惟契丹一种
> 特有异焉。其富贵人家人有亡者，以刃破腹，
> 取其肠胃涤之，实以香药、盐矾，五彩缝之，
> 又以尖苇筒刺于皮肤，沥其膏血且尽，用金银
> 为面具，铜丝络其手足。耶律德光之死，盖用
> 此法，时人目为帝[](弒)，信有之也。[83]

将上述两则记载联系在一起我们显然可以看到，契
丹人保存尸体的这种习俗，早在辽初已经存在了。
那么，从"但以其尸置于山树之上，经三年后，乃
收其骨而焚之"的放弃尸体，到"以刃破腹，取其
肠胃涤之，实以香药、盐矾，五彩缝之"，乃至"用
金银为面具，铜丝络其手足"的保存、保护尸体，
究竟是什么原因，使得契丹民族的丧葬习俗在短短
的时间内发生了如此之大的改变呢？这一点，一直
是学术界始终难解的一个谜题。

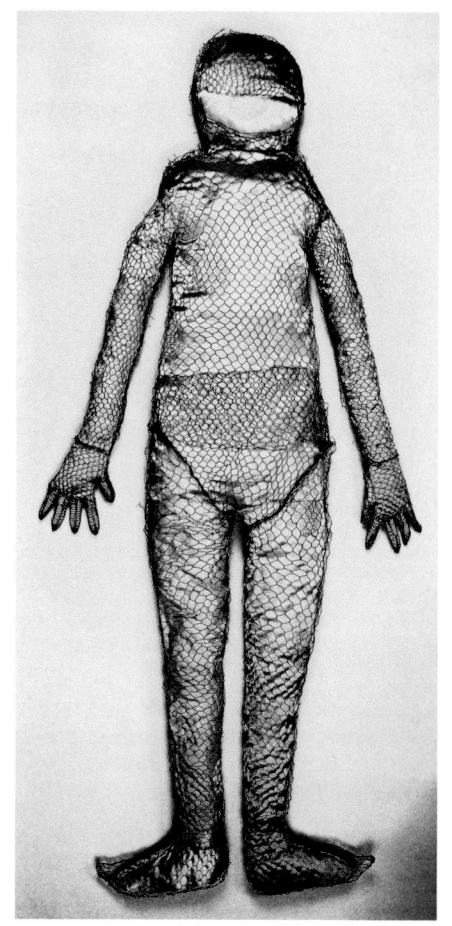

图 33

这里，所谓"用金银为面具，铜丝络其手足"
的做法，值得注意。

我们目前尚不清楚契丹民族使用网衣和面具装
饰尸体的确切用意——日本学者岛田正郎推测可能
是用以保障死者灵魂之安宁的。[84]不过从其实际
作用来看，网衣与面具似乎均可起到护尸的作用。

首先让我们来观察一下契丹铜丝或银丝网衣的
穿戴方式。马洪路先生曾注意到，考古发掘所见的
契丹铜丝网衣，是在死者入殓前经过认真穿戴的。
叶茂台18号辽墓契丹女尸，"清理时可以清楚地看
出铜丝网衣内壁粘挂布屑，可知这种丧服是穿在人

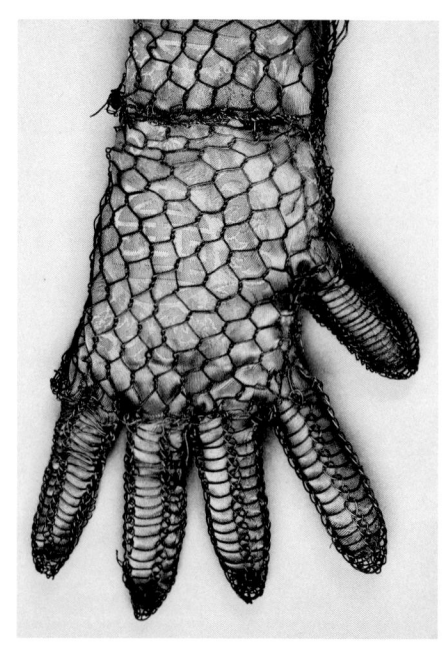

图 34

图 33 辽陈国公主墓出土的
公主银丝网衣
图 34 辽陈国公主墓出土的
公主网衣之手网部分

体的贴身内衣外面的，又根据网衣紧瘦的情况判断，其外面还应有衣服袍带之类"[85]。的确，辽陈国公主及驸马萧绍矩墓等新出考古资料进一步表明，这种网衣通常依死者体态而制，先分不同部位，编出头网、臂网、手网、胸网、背网、腹网、腿网、足网，再将各部分网络套在贴体内衣和裹尸丝织品的外面，以铜丝联结缝合，看上去恰如人的身体【图33】；而在网衣的外部，再加罩一层丝织品外衣。辽陈国公主墓中的网衣发现时，恰好也见有附着在网衣表层的残朽丝织品，证实网衣外层原本是穿有外衣的。[86] 由此我们应该不难觉察，穿在外衣内部的那层网衣，仿佛是意在复现死者身体的外形的。

值得思考的现象是：正如宋人文惟简所记述的那样，许多契丹人墓葬所出的铜丝网衣，只用于网络尸体的手、足部分。[87] 发现于辽宁义县清河门西山村2号辽墓的铜丝网衣，仅见手网和足网的残部，其中手网内还完好地保存着死者手指的每一块指节骨。[88] 而且引人注意的是，网衣手网（尤其是指关节部位）和足网部位的网眼，总是编织得比躯干部位的网眼更加精致、细密。【图34】这些现象又进一步提示我们：网衣的基本作用在于保存人体骨骼不至散乱，特别是保存手足部位的细小骨骼不至丢失。可令人依然不解的是，完好埋在墓里的尸体，为什么还要额外采取这样的保护措施呢？如果将这种保护措施与契丹人"但以其尸置于山树之上，经三年后，乃收其骨而焚之"的早期葬俗联系起来考虑，不难推想，这种网衣恰好既便于"风葬"或"树葬"期间尸体的风化解体，又有利于

---

82 《资治通鉴》卷二八六《后汉纪》卷一《高祖天福十二年》，北京：中华书局，1956年，第9356页。《旧五代史》则谓："破其尸，摘去肠胃，以盐沃之，载而北去。"参见《旧五代史》卷一三七，北京：中华书局，1976年，第1836页。

83 《说郛三种》，上海：上海古籍出版社，1988年，第173页。

84 岛田正郎：《遼の死面》，《考古学雑志》第36卷5号，1950年。

85 温丽和：《辽宁省法库叶茂台出土契丹民族铜丝网罩》，《文物》1981年第12期。

86 内蒙古自治区文物考古研究所、哲里木盟博物馆：《辽陈国公主墓》，北京：文物出版社，1993年，第142页。

87 冯永谦：《辽宁省建平、新民的三座辽墓》，《考古》1960年第2期；郑隆：《赤峰大窝铺发现一座辽墓》，《考古》1959年第1期。

88 李文信：《义县清河门辽墓发掘报告》，《考古学报》第8册，1954年。

保存死者的全身骨架，尤其是那些最容易受各种侵扰而丢失的手、足关节。[89]建于辽代建国初年的宝山辽墓作为目前所知最早的辽墓，其墓主使用网衣的痕迹令我们更加确信：契丹人使用的银丝或铜丝网衣，应该正是他们在接受中原汉民族土葬习俗之前所实行的早期丧葬仪式过程中，发展成熟的一套便于三年之后收取死者遗骨的特殊丧葬用具。只是在契丹人实行土葬以前，那些曾经存在于地上的护尸用具，较难保存到今天。

4-2　面具、真容与"佛妆"

　　讨论过网衣的基本用途之后，现在让我们再来观察一下覆盖在死者脸上的面具。马洪路先生亦曾提道："从法库叶茂台辽墓群几座出有铜丝网衣的墓葬来看，铜丝网衣与金属面具一样都是根据死者的身材、脸型特意制作的。"[90]诚如所言，目前所见的契丹面具，明显具有男女长幼和基本面容特征等差别。如辽陈国公主与驸马墓所出金面具，皆以薄金片在模具上打制而成，呈半圆浮雕状。其中，公主的面具面轮丰圆，双目圆睁，两耳外张，安详平静的面孔上还带着几分孩童般的稚气，看上去与死时年仅十八岁的公主年龄基本吻合【图35-1】；而卒时年约二十八到三十岁的驸马萧绍矩，其面具则形如鹅卵，颧骨前凸，面颊略瘦，下颌尖长，看上去也恰好是一副已成年男子的样貌【图35-2】。赤峰市温多尔敖瑞山辽墓出土的男子面具，圆脸、隆鼻，两耳外张，双目微闭作微笑状，嘴角和下颌处还刻划出短短的胡须【图36-1】；而该墓出土的女子面具，外轮廓则呈椭圆形，高鼻梁，双唇薄而突出，两耳紧贴脑后【图36-2】。[91]尽管这类面具在制作风格上仍有许多类似之处，但正如有学者所指出，每个面具之间依

89　"风葬"或"树葬"期间，显然不能排除鹰鸟和野兽啄食侵害尸体的情况发生，铜丝网衣，恰好既不会妨碍尸体的风化解体，又能起到保全人骨的作用。

90　马洪路：《契丹葬俗中的铜丝网衣及其有关问题》，《考古》1983年第3期。

91　赤峰市博物馆考古队、阿鲁科尔沁旗文物管理所：《赤峰市阿鲁科尔沁旗、温多尔敖瑞山辽墓清理简报》，《文物》1993年第3期。

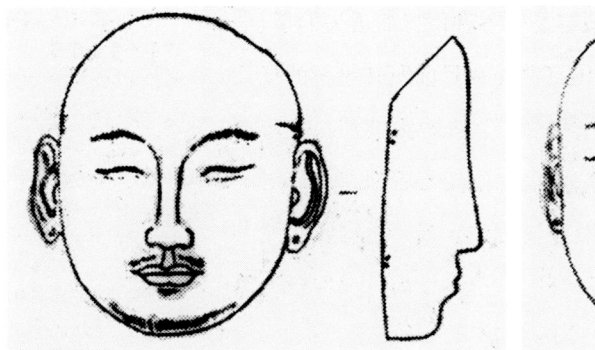

图 36-1

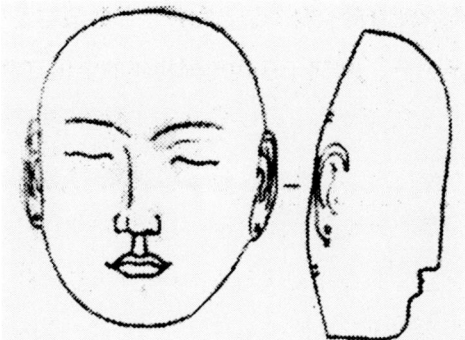

图 36-2

图 35-1

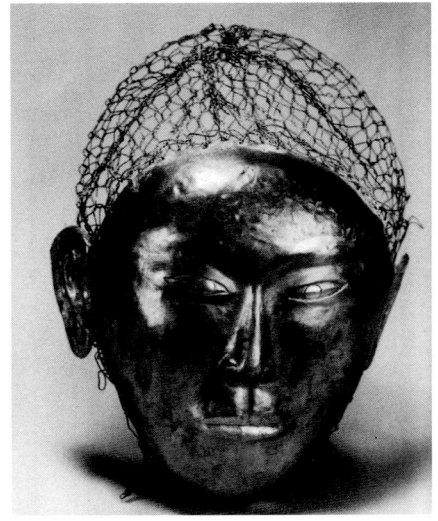

图 35-2

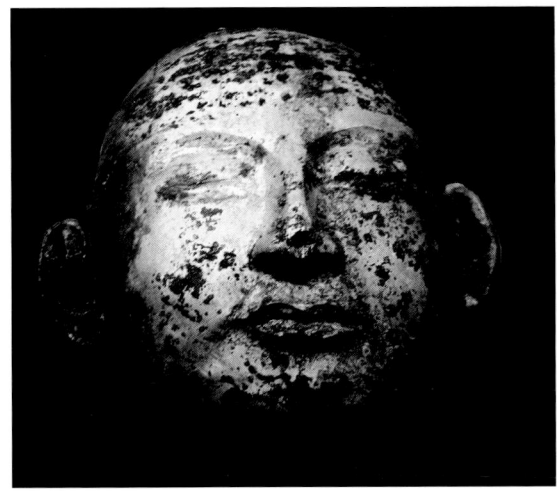

图 37-1

图 37-2

图 37-3

图 37-4

图 37-5

图 37-3　辽代金铜面具
（出土地点不详）
图 37-4　辽代金铜面具
（出土地点不详）
图 37-5　辽代金铜面具
（出土地点不详）

然有着鲜明的个性差异，[92]显系仿照死者面容特征制成。【图37-1、37-2、37-3、37-4、37-5】如陈国公主墓发掘报告描述金面具的制作工艺时说："制作时依照死者的脸型先做一个模具，然后将加工好的整块薄金片覆于模具上捶打而成，眉、眼局部捶鏨，制作精细，力求与死者真容相像。"[93]也就是说，这些面具看上去与那些仆人的肖像似乎有异曲同工之妙。有关契丹面具的作用问题，论者多以为与北方萨满教有关。如20世纪50年代S. H. Minkenhof曾推测，其制作可能是出于震慑恶灵和获得法力的目的；[94]李逸友等则认为是"宗教信仰的一种葬尸仪物"，并推测其与萨满教、佛教及道教有关，但理由未详。[95]本文所要着重指出的是，如同我们在辽驸马萧绍矩等死者的面具上所见的那样，这类面具的外缘皆留有一圈孔眼，以便穿丝连结在头网之上【图35-2】，其面部表情总是平静安祥，没有狰狞恐怖，而且其耳垂部位多有穿孔，以便穿挂耳环装饰，可见是在极力模仿死者的面容；尤其像阿鲁科尔沁旗和温多尔敖瑞山辽墓出土的那类双目紧闭的铜质鎏金面具，其五官部位的细致结构与面部肌肉的起伏变化，都表现得惟妙惟肖，颇令人怀疑是通过采取直接从死者面部翻模取形的手段来加工制作的。[96]所以，这类面具绝不是企图遮蔽或改变人的本来面目、乃至用以震慑恶灵之类带有萨满教色彩的面具。相反，这类极力模仿死者面容的面具，与网衣连为一体，成为死者身体的一个

92　S.H.Minkenhof曾针对国外收藏的部分契丹面具进行过研究，认为它们既具有肖像性质和个人特征，同时又都不出一种庄严、高贵的理想模式。参见S.H.Minkenhof, "Date and Provenance of Death Masks of the Far East", *Artibus Asiae*, vol. XIV, 1951.

93　内蒙古自治区文物考古研究所、哲里木盟博物馆：《辽陈国公主墓》，文物出版社，1993年，第25页。

94　S.H.Minkenhof根据《宋史》卷二九〇所记宋将狄青"临敌被发、戴铜面具，出入贼中，皆披靡莫敢当"等史料，推测契丹人使用铜面具，极有可能是出于震慑恶灵和获得法力的目的，而不是为了丧葬用途。（见前举S.H.Minkenhof文）

95　参见李逸友：《辽代契丹人墓葬制度概说》，《内蒙古东部区考古学文化研究文集》，北京：海洋出版社，1991年。尽管我们在辽陈国公主墓出土的两顶鎏金银冠上看到了明显的道教图像元素，但这并不等于说其面具的制作也与道教有关。

96　德国维尔兹堡大学库恩（Dieter Kuhn）教授注意到："这种面具的制作不同于欧洲人常见的按真人（活人或死者）面容，用金属浇铸而成的面具，而是用薄铜皮敲制出来的。"（详见Dieter *Kuhn*, "Die Kunst des Grabbaus-Kuppelgraeber der Liao-Zeit（907-1125）", *Wuerzburger Sinologische Schriften*, Heidelberg,1997, p.208.）这一观察可能主要是基于辽陈国公主墓所出土的那类面具材料。但是从更多出土面具的实际情况看，以薄铜皮敲制的制作技术更有可能是经过事先铸模之后才能实施的。至于取模的方法，在当时应该也不是一项困难的技术。总之，契丹人的这种金铜面具，看上去似乎有着从稚拙到精细的前后变化。翻模手段的运用很可能是其后期技术上的一个进步。

图 38-1

部分——一个没有被衣服所遮盖的脸面部分。于此，我们
仿佛再一次看到了有如壁画中的侍者形象那种写真倾向。
而且，这一重塑面容与身体的作法，也令我们联想起频繁
出现于辽墓当中的真容偶像。

　　1974 年以来，文物考古工作者在河北宣化、北京、内
蒙古赤峰市巴林左旗和巴林右旗一带的辽代墓葬中，陆续
发现过不少木雕真容偶像。[97]这类木雕偶像皆由分别制作
的头部、躯干和四肢构合而成，四肢关节皆可以活动，腹
腔内部全都装有死者火化后的骨灰。引人注意的是，这类
偶像的面孔全都个性鲜明，明显仿自死者的真容。如 1998
年，河北宣化下八里 II 区 1 号辽墓内，同时发现了一具身
罩铜丝网衣的契丹男性尸骨，以及这位契丹男子的两个汉
族夫人的木雕真容偶像。其中，年老夫人的木雕偶像，眼
睛较小，鼻头颇大，高高的眉弓上方，是布满了皱纹的短
平额头，面部因肌肉松弛而显出清晰的骨骼【图 38-1、图 38-
2】；年轻夫人的木雕偶像，面轮丰圆，五官细小端庄，除
了脸颊和下巴部位刻出丰满的肌肉，整个面部造型趋于扁
平，其头顶不刻发丝，却布满了直径约 2 毫米的小孔，考
古工作者推测小孔内原植有真发盘结于头顶。[98]【图 39-1、
图 39-2】这些具体细微的面部特征，无疑是十分贴近死者生
前形象的。更引人注意的是，发现于 1974 年的宣化 1 号辽墓，
墓主人张世卿的木雕真容偶像，其头部竟由后脑壳和脸盖

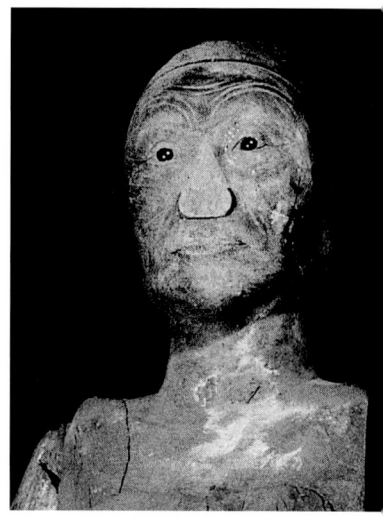

图 38-2

94

两个部分合成，头腔内部装有死者火化后的颅骨。若将张世卿木雕偶像的盖脸部分与契丹金铜面具做一比较，我们会发现两者之间在制作方法上有惊人的相似：从侧面上看，张世卿木雕偶像那作半面的盖脸部分【图40】，不仅与契丹面具的侧面深度相仿；木雕盖脸左右两侧的四个圆形穿孔，也与契丹面具两侧每不可少的孔眼一致。在契丹葬俗中，死者除了面部罩以金铜面具，脑后通常还有半弧状铜托，头托与面罩相应部位亦做孔眼，以便穿线联结。有趣的是，张世卿木雕偶像的后头壳，其两侧也各有两个对称的穿孔。[99] 可见其对契丹面具模仿得惟妙惟肖。

与辽墓出土的所有真容偶像一样，张世卿的真容偶像照例旨在恢复死者因火化而失去的身体。据有关迹象观察，导致这种以恢复失去的身体为基本目标的艺术行为的根本动力，来自当时佛教丧葬文化的有关传统。在内蒙古巴林左旗一带，就曾于一个辽代僧人墓葬中发现过一尊身着袈裟的木雕造像【图41】，和上述辽代的所有真容偶像一样，这尊造像不仅具有活动的关节，而且腹腔内也同样装有死者的骨灰。[100] 事实上，类似装有骨灰的僧人木雕造像早在唐代已经出现。发现于日本山形立石寺慈觉大师圆仁（794–864）入定窟木棺中的木雕造像，即是一尊体内装有这位入唐求法高僧之灰身遗骨的真容偶像。[101]【图42-1、42-2、42-3】由于辽代以佛教为国教，故在辽汉人普遍接受了佛教僧侣的火葬习俗。辽大安五年（1089），进士王鼎在《六聘山天开寺忏悔上人坟塔记》中曾写道："古之葬者弗封树……及佛教来，

97　河北省文物管理处、河北省博物馆：《河北宣化辽壁画墓发掘简报》，《文物》1975年第8期；河北省文物研究所：《宣化辽墓》，北京：文物出版社，2001年，第200、223页；张先得：《北京市大兴县辽代马直温夫妻合葬墓》，《文物》1980年第12期；张家口市宣化区文物保管所刘海文主编：《宣化下八里Ⅱ区辽壁画墓考古发掘报告》，北京：文物出版社，2008年，第14-22页，彩版八至三十；项春松：《辽代历史与考古》，内蒙古：内蒙古人民出版社，1996年，第258页；又见《巴林左旗志》文物古迹条。另，承巴林右旗博物馆青格勒先生见告，巴林右旗一无纪年辽墓中，也曾发现过一男一女两具偶像，男有胡须，女具耳饰，头发亦各有区别。

98　张家口市宣化区文物保管所刘海文主编：《宣化下八里Ⅱ区辽壁画墓考古发掘报告》，北京：文物出版社，2008年，第14-22页，彩版八至三十。

99　《宣化辽墓》上册，北京：文物出版社，2001年，第223页。

100　参见《巴林左旗志》文物古迹条；项春松：《辽代历史与考古》，内蒙古：内蒙古人民出版社，1996年，第258页。

101　采自京都大学文学院研究科：《辽文化·庆陵一带调查报告书》，2005年。关于圆仁木雕造像与唐宋僧人灰骨像之间的关联，参见根立研介：《辽墓出土木雕真容偶像と日本の肖像雕刻——立石寺木造头部の问题を中心にて-》，《辽文化·庆陵一带调查报告书》，日本：京都大学文学院研究科，2005年，第177-192页。

图 39-1

图 39-2

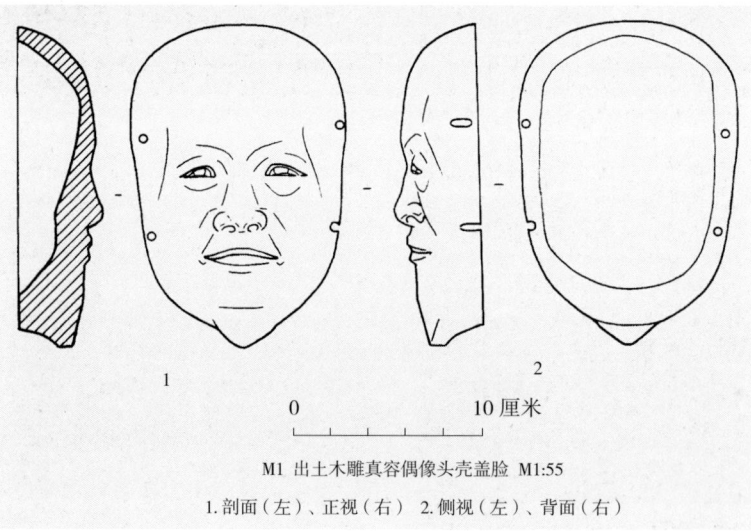

M1 出土木雕真容偶像头壳盖脸 M1:55
1.剖面（左）、正视（右） 2.侧视（左）、背面（右）

图 40

图 39-1　宣化下八里Ⅱ区 1 号辽墓出土年轻夫人的木雕偶像
图 39-2　宣化下八里Ⅱ区 1 号辽墓出土年轻夫人的木雕偶像（局部）
图 40　河北宣化张世卿墓出土的木雕偶像盖脸部分线图
图 41　内蒙古巴林左旗出土的辽代僧人木雕造像
图 42-1　日本山形立石寺慈觉大师圆仁入定窟木棺中的木雕造像
图 42-2　日本山形立石寺慈觉大师圆仁入定窟木棺中的木雕造像（头部）
图 42-3　慈觉大师圆仁画像

图 41

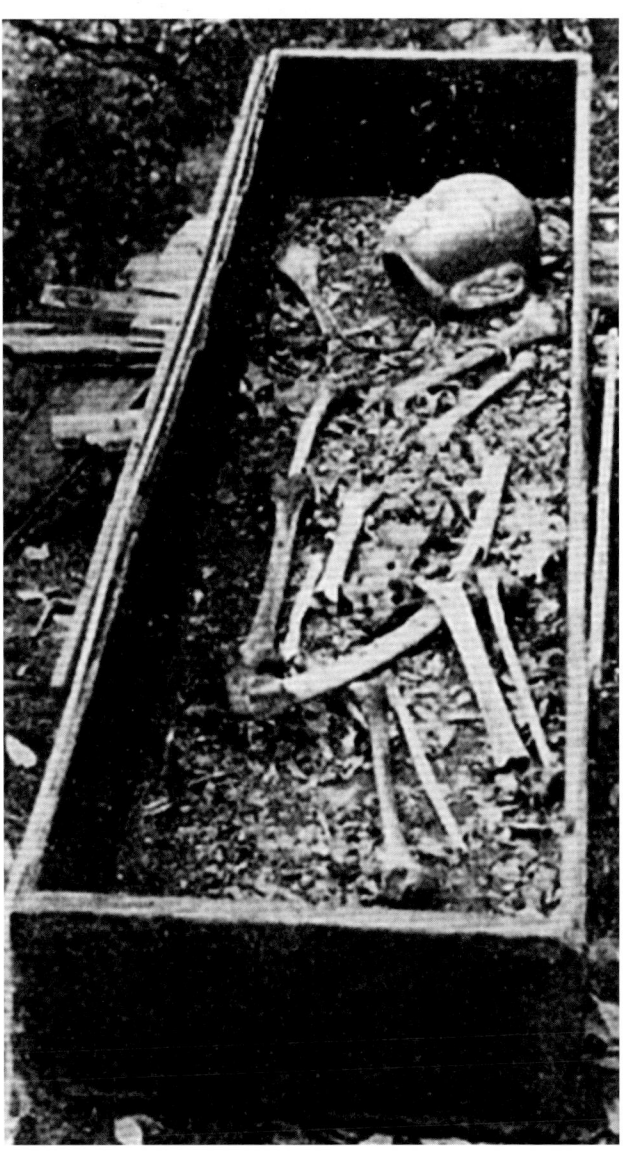

图 42-1

图 42-2

图 42-3

又变其饰终归全之道，皆从火化，使中国送往，一类烧羌。至收余烬为浮图，令人瞻仰，不复顾归土及泉之义，世以为然。"[102] 从中可见辽代接受佛教葬俗的程度。不出预料的是，发现这类木雕真容偶像的辽代墓葬多含有墓主人信仰佛教的证据。其中，出土于北京大兴的马直温夫妇的两躯真容偶像，发掘时原本还"成结跏趺坐修禅的姿态"[103]。

当然，金铜面具是契丹贵族所特有的丧葬用具，并不见于佛教葬俗。可是在佛教造像传统中，佛像的面部乃至全身却向来以金妆为尚，故有所谓"金容"之称。[104] 辽咸雍八年（1072），段温恭所撰《特建葬舍利幢记》，其中即言"咸兴窣堵，以至一丈六尺之金容"[105]。唐宋时期，僧人剃度时所颂之偈甚至有说，佛教信徒通过修持、念佛，可以获得一个像佛一样的"金容"法身。[106] 又据北宋朱彧的《萍洲可谈》记载："先公言，使北时，见北使耶律家车马来迓，毡车中有妇人，面涂深黄，红眉黑吻，谓之佛妆。"[107] 北宋彭汝砺使辽期间亦有一首谐趣的诗，云："有女夭夭称细娘，真珠络臂面涂黄。华人怪见疑为瘴，墨吏矜夸是佛妆。"[108] 虽然说的都是契丹女子的面妆时尚，可是其中既显现了契丹人对佛像面容质地与色彩的推尚，同时又反映出他们企图将自身面容神圣化的心理倾向。那么，契丹贵族的金铜面具，会不会也是一种"金容"或"佛妆"呢？有趣的是，在辽宁新民巴图营子的一座辽墓当中，伴随鎏金面具和铜丝网衣一同出土的，还有一个刻有佛教密咒"肴炬如来必破地狱真言"的鎏金铜胸牌。[109] 由这类鎏金铜胸牌所揭示的契丹人葬俗背后的佛教影响，或许也有助于理解金铜面具与"金容"或"佛妆"之间的关联。

102　陈述辑：《全辽文》卷八，北京：中华书局，1982 年，第 207 页。

103　张先得：《北京市大兴县辽代马直温夫妻合葬墓》，《文物》1980 年第 12 期。

104　当然，佛像的全身亦称"金容"，如说"丈六金容"。

105　陈述辑《全辽文》卷八，北京：中华书局，1982 年，第 201 页。

106　偈曰："……晨朝宣宝偈，夕夜虔诚恭；近求出苦海，远慕法身踪。七支净三业，五分满金容；各愿坚固戒，净土得相逢。"［唐］道宣《法苑珠林》卷八九受舍部第十三，北京：中华书局，2003 年，第 2581 页。

107　［宋］朱彧：《萍洲可谈》卷二，商务印书馆，1939 年，第 25 页。

108　［宋］彭汝砺：《鄱阳集》卷一二，《景印文渊阁四库全书》第一一〇一册，台湾：商务印书馆，1983 年，第 318 页。

109　冯永谦：《辽宁建平、新民三座辽墓》，《考古》1960 年第 2 期。

4-3　"帝羓"与真身崇拜

回溯佛教的丧葬习俗，我们发现 7 世纪以降，随着佛教禅宗祖师崇拜的兴起，以及密教中所宣扬的以此生之身"即身成佛"信仰的流行，中国的佛教寺院，特别是在禅宗和密教僧侣当中，陆续出现了许多高僧死后身体不坏的神话，高僧灭后的遗体也开始被称作"真容"。[110]由于高僧们死后不坏的身体或者"真容"，在很大程度上形象地体现了一切佛教活动的基本目标与终极关怀——涅槃，[111]制作代表高僧不灭法身的漆布真身像、泥塑灰身像（即纳有高僧骨灰的泥塑像）乃至木雕灰身像的现象，在当时的寺院当中已蔚然成风。[112]其中漆布真身的制作方法，即是先以香药等材料对尸体进行防腐与干燥处理之后，再施以髹漆技术的。可以说，与泥塑灰身像和木雕灰身像相比，这种漆布真身的制作，不仅工序更为繁琐，而且代价也更昂贵，因此仅适用于少数著名高僧。虽然目前我们尚未发现辽代高僧制作真身的相关记载，但承巴林左旗博物馆馆长王未想先生见告：1990 年抢救维修辽上京北塔（即临潢塔，建于辽代早期）时，曾于天宫内清理出一件被定为"国家一级文物"的装饰精美的琉璃瓶，最近该馆在文物普查过程中又发现，这件琉璃瓶的里面，居然装着包括人的骨、血、肉、发在内的四十八颗所谓佛抑或为高僧的真身舍利子。这一发现，无疑是辽代佛教"真身"崇拜的一个重要物证。

高僧真身的保存方法，不禁令我们再次回想起掩盖在契丹面具与网衣下面的契丹人的身体——那种所谓的"帝羓"，及其"取其肠胃涤之，实以香药、盐矾"的尸体保存法。这种尸体保存方法与高僧真身的制作

110　如隋代杭州灵隐山天竺寺释真观，入灭后遗体窆于灵隐山。唐释道宣谓之曰："真容掩方坟，写状留天竺。"（［唐］释道宣：《续高僧传》卷三〇《隋杭州灵隐山天竺寺释真观传》，《大正新修大藏经》第五十册 No.2060）；楚乾祐元年，云门大慈匡真宏明禅师释文偃端坐而逝，塔全身于方丈，至宋乾德三年开塔，见其"真容如生，髭发皆长"（《大正新修大藏经》第四十九册 No.2036《佛祖历代通载》卷一七）；双溪布衲如禅师，坐亡六十年后，"塔户自启，其真容俨然"（《卍新纂续藏经》第八〇册 No.1565，《五灯会元》卷六）。

111　Robert H. Sharf, "The Idolization of Enlightenment: On the Mummification of Ch'an Masters in Medieval China", *History of Religions*, The University of Chicago, 1992, p.26.

112　有关这类塑像与高僧遗体崇拜的关系问题，参见：小杉一雄：《肉身像及遗灰像の研究》，《东洋学报》24-23，1937 年；小林太一郎：《高僧崇拝と肖像の芸术——隋唐高僧像序论》，《佛教芸术》23，1954 年。

方法如此相似，是否也是受到了佛教葬俗的启发呢？

如前所言，辽代终其一朝以佛教为国教。两百多年间，契丹皇族和高级僧侣不惜耗费巨资，建造了数量不可胜计的佛教寺院和佛塔。其中，仅内蒙古一带保存至今的著名辽塔，就有中京大明塔、上京南塔、庆州白塔、临潢塔、丰州万部华严经塔等。辽天禄三年（949），沙门志愿所撰《仙露寺葬舍利佛牙石匣记》谈到，其师清㺷临近圆寂时"将舍利佛牙付仙露寺讲维摩经，比丘尼定徽建窣堵波"，"大辽皇帝（指世宗耶律阮）降宣头一道，钱三百贯，以充资助"；《石匣记》后所列的施主名单中，还有世宗皇后、东明王夫人等诸多贵族和官僚人士。[113]寺院的众多也就意味着僧人的众多，会同五年（942）六月，辽太宗曾以"皇太后不豫"故，行幸菩萨堂，一次饭僧竟多达五万之众。[114]而且，因辽帝一贯崇佛而导致上层僧侣多入仕的现象，也是辽朝佛教的一个重要特色。[115]如兴宗在位时，高僧"正拜三公、三师兼政事令者，凡二十人"以致"贵戚望族化之"。[116]可见其佛风之烈，远甚于华夏。关于辽代初年的佛教情况，据《辽史·义宗倍传》记载，神册元年（916），即耶律阿保机称帝建国的当年，"时太祖问侍臣曰：'受命之君，当事天敬神。有大功德者，朕欲祀之，何先？'皆以佛对。太祖曰：'佛非中国教。'倍曰：'孔子大圣，万世所尊，宜先。'太祖大悦，即建孔子庙，诏皇太子春秋释奠。"[117]虽说雄才大略的耶律阿保机采纳了深受汉文化濡染的皇太子耶律倍的意见，但从其他大臣皆本能言佛这一点，显而易见，佛教在契丹贵族阶层中的势力，早在辽代建国之前就已经十分强大了。至于耶律阿保机个人的佛教信仰，也可以从他于即位之第六年，"以兵讨两冶，以所获僧崇文等五十人归西楼，建天雄寺以居之"，以及天赞四年（925）十一月"幸安国寺，饭僧，赦京师囚，

113　向南：《辽代石刻文编》，河北：河北教育出版社，1995年，第4-5页。
114　《辽史》卷四《太宗本纪下》，北京：中华书局，1974年，第52页。
115　张国庆：《辽代社会史研究》，中国社会科学出版社，2006年，第150-157页。
116　[宋]叶隆礼：《契丹国志》卷八《兴宗文成皇帝》，上海：上海古籍出版社，1985年，第82页。
117　《辽史》卷七二《宗室·义宗倍传》，北京：中华书局，1974年，第1209页。
118　分见《辽史》卷一《太祖本纪上》、《辽史》卷二《太祖本纪下》，北京：中华书局，1974年，第6页、21页。
119　见前引巫鸿文。
120　葛华廷：《辽祖州石室考》，《北方文物》1996年第1期。

纵五坊鹰鹘"等记载窥其一斑。[118]

本文相信，正如在辽汉人因信仰佛教而普遍采纳了一般僧人的火葬习俗、甚至还于墓葬当中安葬装有骨灰的真容偶像一样，同一宗教背景下，与高层僧侣接触密切的契丹贵族，也完全有可能模仿或参照高僧真身的制作方法，来保存他们死后的身体。事实上，只有从宗教信仰的角度，我们才不难理解一个民族的葬俗，何以在那么短的时间内就发生了从放弃尸体到保存尸体这一反差巨大的前后变化。同样，我们也只有从保存真身和真容的角度，才更容易理解那些契丹面具为什么要与死者的头网和身体严密地结合在一起，而且要尽其所能地表现出死者个性化的面容。

五、石室、墓葬与小帐

5-1 石室与祖先祭祀

有关宝山辽墓石室的问题，巫鸿先生前文已经分析了其与辽祖陵附近的石室，以及与鲜卑统治时期墓葬中流行的"房型椁"的前后关联，进而阐述了契丹贵族借用这一建筑形式来建构和确立其族属来源和文化传承的可能性。[119]这一推测的确有其历史与文化的深层合理性，因而极富启发意义。这里还想补充的是基于宝山 1 号辽墓石室装饰的一点观察和思考。

巫鸿先生在谈到祖陵附近的石房子【图 43】时，特别留意过以往学者有关这个石房子的原本所在及其性质等研究信息："根据张松柏和冯雷的研究，它原来所处的地点是祖州城内西北角的一个高台上。祖州在辽上京西南，是阿保机建立的祭祀先祖的地方。夏南悉因此认为这个石房子实际上是辽代皇室的祖庙。葛华廷不全然反对这个看法，但是认为石房子首先是停放阿保机灵柩的'权丧之所'，随后才成了辽代皇室祭祀祖先的'神帐'。"[120]其所列述的这些学术观点之间，虽说仍有一定的出入，但在承认该石房子在祭祀礼仪与丧葬仪式中的功能和作用这一点上，却是相当一致的。基于上述学术观点的启示，我们似乎不妨在前人研究的基础上，再将契丹早期墓葬中的这类石室，与文献中所透露的契丹人祖先崇拜和丧葬礼仪再拉近一步来考虑。

辽代祭祖的地点，一是在所谓的圣地，如传为契丹始祖的发祥地——

永州木叶山，"上建契丹始祖庙，奇首可汗在南庙，可敦在北庙，绘塑二圣
并八子神像。相传有神人乘白马，自马盂山浮土河而东，有天女驾青牛车由
平地松林泛潢河而下。至木叶山，二水合流，相遇为配偶，生八子。其后族
属渐盛，分为八部。每行军及春秋时祭，必用白马青牛，示不忘本云"[121]；
二是在五京、州县，如《辽史》记载，辽太祖"天显元年（926），平渤海归，
乃展郛郭，建宫室，名以天赞。起三大殿：曰开皇、安德、五鸾。中有历代
帝王御容，每月朔望、节辰、忌日，在京文武百官并赴致祭"[122]；三是在
陵寝，如大同元年（947），世宗耶律阮"为太宗建庙于祖州。其建于陵寝者，
太祖祖陵曰明殿、曰长思殿，太宗怀陵曰凤凰殿（以奉穆宗），景宗乾陵曰
凝神殿，圣宗庆陵曰望仙殿、御容殿。黄龙府曰升天殿（以太祖上宾地也）；
仪坤州曰仪宁殿，奉太祖及应天皇后银像（以应天皇后诞生地也）"[123]。
从中可见辽代皇室陵寝上的长思殿、凝神殿、望仙殿、御容殿等，都是
与祖庙同样性质的祭祖场所。而且无论祭祖活动在哪里举行，其仪式总
有一个共同的特点，那就是"凡祀祖考，皆奉御容或金石肖像，所在立

121　《辽史》卷三七《地理志一》，北京：中华书局，1974 年，第 445-446 页。
122　《辽史》卷三七《地理志一》，北京：中华书局，1974 年，第 440 页。
123　《钦定续文献通考》卷八〇，《景印文渊阁四库全书》第六二八册，台湾：商务印书馆，1983 年，
　　　第 249 页。
124　同注 123。
125　《辽史》卷四九《礼志一》，北京：中华书局，1974 年，第 838 页。
126　[宋]叶隆礼：《契丹国志》卷二三《建官制度》，上海：上海古籍出版社，1985 年，第 224 页。

庙以祀"[124]。

类似于祖陵附近的这种石房子，显然与宫殿里供奉历代帝王御容的建筑扯不上关系。如果说这种石房子确曾作为祭祀空间的话，宝山辽墓石室的发现已暗示我们，其使用的范围似乎更有可能与丧葬祭祀礼仪相关。

5-2 石室、墓室装饰与契丹"爇节"仪中的祭祀空间

其实从根本上说，祭祖活动无外乎是丧葬礼仪的一种延续。如将视线转移到契丹人的丧葬礼仪，我们会再次想到前文所述契丹人的所谓"爇节"仪。

据《辽史》记载：

> 皇帝即位，凡征伐叛国俘掠人民，或臣下进献人口，或犯罪没官户，皇帝亲览闲田，建州县以居之，设官治其事。及帝崩，所置人户、府库、钱粟，穹庐中置小毡殿，帝及后妃皆铸金像纳焉。节辰、忌日、朔望，皆致祭于穹庐之前。又筑土为台，高丈余，置大盘于上，祭酒食撒于其中，焚之，国俗谓之爇节。[125]

这段文献交代了两点重要信息：一是契丹皇帝以俘掠人口所建州县的人户（亦即守陵人户）与府库，在皇帝死后，要于穹庐（《契丹国志》中说是"设大穹庐"[126]）中设一个"小毡殿"，用来供奉帝后的铸金肖像，而且每当皇帝的忌日、节日，甚至于每一个月满和月黑之日，都要在穹庐前做祭祀活动；一是举行祭祀活动的时候，要在一个一丈多高的土台上面置大盘，焚烧用于祭祀的酒食等物，即举行烧饭仪式。这里，我们在契丹皇帝死后的祭祀仪式上看到了三种建筑物：一种是类似于我们今天所熟悉的蒙古包式建筑——穹庐，用以容纳毡殿；另一种是类似于前述文献中所记之"长思殿""凝神殿""望仙殿""御容殿"那类建筑物，用以供奉死者的肖像；还有一种位于穹庐前方的高大土台建筑，就是举行烧饭祭祀仪式的祭台。可以说，这三种建筑及其所构成的空间关系，显现了契丹人丧葬祭祀礼仪的基本形态。

图 44-1

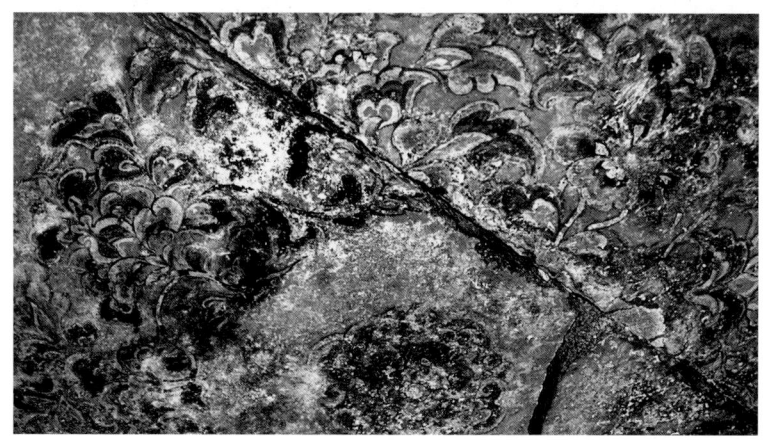

图 44-2

　　那么，曾经位于祖州城内西北角一高台之上的那个石房子，如果确实曾经作为停放阿保机灵柩的"权丧之所"，即辽史中常说的所谓"蒇涂殿"，而不是位于高台上的一个相当于祖庙的"神帐"或神堂，那么这个"蒇涂殿"会不会原本也是安置在祭台前方的"大穹庐"里面的呢？这个问题或许永远都是个难解的谜。可是，宝山辽墓石室装饰中的几点新发现，却出乎意料地让我们意识到这类石室乃至整个墓葬，与契丹丧葬祭祀礼仪建筑空间之间的潜在联系。

　　细审 2 号墓石室内部的天花装饰，我们首先不无意外地发现：与汉人墓葬通常将墓室顶部描绘成天穹的做法不同，这个天花竟是以鲜艳的朱红色彩为底色的；而且，从中央部位那个以勾勒结合晕染手法绘成的色彩绚丽的团花图案，到四个角落部位的折枝花叶装饰，再到红地四周的黑色边框，整个天花装饰，看上去酷似地毯等棉毛织品上的那类图案纹样。【图 44-1、44-2，见彩图 79】1 号墓石室天花上描绘的虽然是莲花与翔鹤，可是，以莲花为中心的适合纹样

图 44-1　宝山 2 号辽墓石室内天顶部的黑色边框装饰
图 44-2　宝山 2 号辽墓石室内天顶中央部位的团花图案
图 45　宝山 1 号墓石室内顶部装饰
图 46　宝山 1 号辽墓石室内北壁《厅堂图》中绘制在座椅上的花卉图案

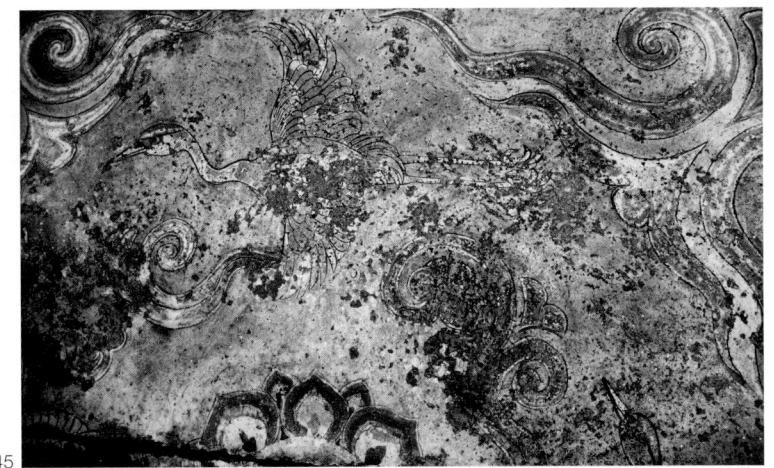

图 45

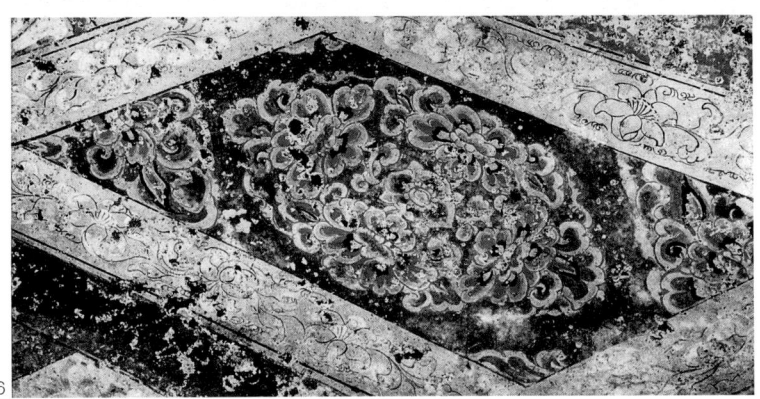

图 46

结构手法，亦大率如前。特别是莲花花瓣那种以数层深浅不同的红色排比而成的退晕效果【图45，见彩图47】，常见于毛织品纺织工艺中表现色彩渐变效果的那种手法——我们在1号墓石室北壁所绘的《厅堂图》中，恰好可以看到以这类表现手法描绘的地毯纹样和座椅坐垫纹样【图46，见彩图37】。这些迹象令我们依稀意识到，两墓石室的天花装饰很可能直接套用了契丹草原地区所常用的地毯或壁挂上面的纹样。画家或许是想要借助对地毯纹样的套用，来为冷冰冰的石室增添几分温暖与芳馨的气息。可是令人感到意外的还不止于石室内部的天花，当我们将视线移向石室的外部，其表面装饰又向我们显露了一个以往不曾为人留意的细节。

正如考古报告所记，两墓石室各壁的外立面原均抹有一层白灰，其中2号墓石室表面白灰层基本脱落一尽，而1号墓石室表面的白灰层却基本保存完好。我们在这个整个涂抹成白色的石室表面上看到，其四壁转角部位绘有彩色立柱，柱顶两侧接绘红色

图 47

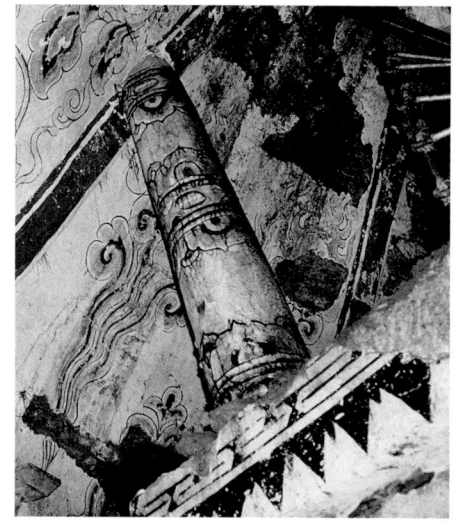

图 48-1

图 48-2

阑额，阑额上方再绘斗栱和橑檐枋。【图 47，见彩图 3】将这些木构建筑的特有符号与石门门框等部位刻意画出的木纹肌理联系起来看，画家的用意显然是想让一个石室看起来更像是一个木构建筑。可是，当我们的视线从斗栱和橑檐枋移向其上方部位的石室顶盖时，我们惊奇地发现：顶盖石表面灰层保存相对完好的南侧面，即石室门楣上方偏东的部位，依然残留着一排以黑白相间和二方连续表现手法描绘的环带纹与三角纹相结合的纹样——那是一种常见于棉毛织品边角流苏部位的装饰图案。【图 48-1、48-2，见彩图 28】这排残留下来的边角图案表明，在造墓人或画家的艺术想象里，这个建筑物的顶部是应该有一块完整的纺织品作为覆盖物的。将这排边角图案与石室天花的装饰纹样联系起来，我们恍然醒悟到：莫非在契丹人的习惯意识中，这个以石质材料取而代之的建筑物，本来就应该是一个以毛纺织品搭建而成的毡帐。而画家所能做的，就是通过视觉表现的方式，将这样一种冰冷的石头建筑物，改变成一个以木构建筑为框架结构的白色毡帐。

造墓者为什么要在一个本来已足够坚固、严

图 47　宝山 1 号辽墓墓室西壁与石室西侧外立面上的仿木构彩绘装饰
图 48-1　宝山 1 号辽墓穹窿顶壁画及残留于石室顶盖石正面西侧灰层表面的三角环带纹装饰
图 48-2　宝山 1 号辽墓石室正面及顶盖石正面偏东部位的三角环带纹装饰
图 49　巴林左旗哈达英格乡哈达图村出土的辽代穹庐式灰陶骨灰罐（24x31cm）（巴林左旗博物馆藏）

图 49

密的墓葬当中，再加进一个看似毡帐的建筑物呢？这个建筑物有没有可能模拟了丧葬祭祀礼仪中用于陈放和供奉死者肖像的那种所谓"毡殿"？回答这个问题之前，似乎还有必要再对墓葬建筑乃至整个墓地做一番检视。

彭善国先生曾注意到，目前能够确定的早期契丹人墓葬，大体不出辽建国前及建国初的时间范围，其中有火葬墓，也有肢体葬墓，但基本上都是些非常简单的土坑墓。[127] 现藏巴林左旗博物馆的一个毡包形陶质葬罐【图 49】，可能就出自这类简单的土坑墓。由此估计，宝山辽墓应恰好处在契丹人大规模仿效中原砖室墓或石室墓的初始阶段。那么，当契丹人初步采用这种墓葬形制时，他们会如何看待或理解这样一种新的建筑形式，也就成了一个必然的问题。他们究竟会采取直接拿来为用的态度呢，还是会加以自己的理解和改造呢？让我们带着这样的问题再次进入宝山辽墓。

宝山辽墓平面布置与中原北部晚唐墓葬建筑风格上的密切关联，巫鸿先生前文已有明论。这里将要着重观察的是墓室内部装饰及其所表达

127　彭善国还具体说道："契丹人火葬见于辽建国前及建国初的一些墓葬，如巴林左旗双井沟墓地、哲里木盟乌斯吐墓、柳条沟墓。但这一时期也有相当数量的尸骨葬墓，如哲里木盟乌日根塔拉墓、荷叶哈达墓、科左后旗呼斯淖墓、巴林右旗塔布敖包墓等。"见彭善国：《辽代契丹贵族丧葬习俗的考古学观察》，《边疆考古研究》第 2 辑，北京：科学出版社，2003 年，第 298-308 页。

图 50

的建筑空间结构。假定我们正置身于宝山辽墓，举目望向墓室的顶部，我们看到的是一个高达 2 米的穹窿。穹窿顶是东汉以来墓葬建筑顶部结构的一种常见形式，其用意大抵如陆机所言："穹隆放 [仿] 苍天。"[128] 可是与汉地普遍流行以天象图装饰墓葬穹窿的情况明显不同，出现在宝山辽墓穹窿顶部的，是位于中央部位的大朵彩绘团花藻井图案【图 50，见彩图45】；而从团花藻井图案以外到四壁以上，则以朱色沿墓顶向四帔垂直画八条（1 号墓）或四条隔带（2 号墓），从而将整个穹窿分成八个或四个等份，然后于其中绘以装饰纹样。2 号墓的这部分纹样内容已残毁不存，1 号墓是分别以与南壁和北壁相对应的两个区域，对称绘制卷草花卉【图 51，见彩图 8】；分别以与东壁和西壁相对应的两个区域，对称绘制卷云火焰宝珠纹【图 52，见彩图 6】。这样，通常被汉民族用来描绘一个完整天穹的穹窿顶，在宝山辽墓这里却被改造成一个由八个或四个三角形平面和两套不同装饰纹样构成的拼接体。而且我们在其规则的纹样结构和层层退染的绘制方法上，再次感受到前面所说的那种纺织品花纹图案的风格气息。这种拼贴花布式的纹样结构以及其间的朱色隔带究竟在表示什么呢？让我们再到墓葬内部的仿木构装饰中寻找最后的解答。

128　陆士衡：《挽歌诗三首》，《文选》卷二八《诗戊·挽歌》，上海：上海古籍出版社，1986 年，第 1334 页。

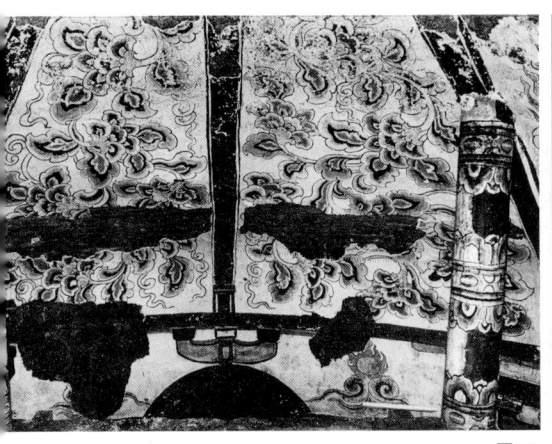

图51   图52

我们从宝山1号墓里看到，装饰在墓室四壁上的所有仿木构件，
全都采取了砖砌影作的立体表现方式，且其表面全都涂以红彩，红
色仿木构件在白色墙面的反衬之下，显得格外醒目。位于方形墓室
的四个转角处，是四根呈半立体状的彩绘立柱；为四根立柱所支撑
的，是围绕四壁顶端一周的凸砌阑额；立柱与阑额顶部共雕绘八朵
斗栱，其中四朵为柱头铺作，另外四朵为补间铺作；八个斗栱之上，
托着再绕四壁一周的影作橑檐枋；而位于橑檐枋上方、为橑檐枋下
面的八个斗栱所承托着的，恰好就是将整个穹窿顶分割成八个等份
的那八条红色隔带。【图53，见彩图1】有趣的是，这八条红色隔带，
不仅与其他仿木装饰构件色彩相同，而且也全都采取了凸出于壁面
的砖砌影作表现手法。很显然，造墓者的用意，是将它们表现为八
根弯曲的木制骨架——就像伞盖或帐篷内部的支撑结构那样。而竖
在石室顶盖石四角上方的四根仿木立柱，又刚好支撑着那八根骨架
的其中四根。这样，整个墓室四壁以及墓顶部位的仿木构装饰所要
表达的，实际是一个帐篷形状的木制框架结构。透过这个仿木建筑
结构我们发现：除去服侍人物、鞍马、羊、犬和桌案图像以外，墓
室四壁的所有装饰元素，完完整整地再现了一个令草原民族倍感亲
切的居住空间——穹庐。至于2号墓的内部装饰，从四壁上方转角
部位通向藻井方向的四条朱彩条带，以及四壁上方残留的部分彩绘
阑额痕迹来看，表现的也是一个穹庐。这两个以视觉语言巧妙地表
达于墓室当中的"穹庐"影像，不仅令我们豁然意识到辽圣宗庆东
陵绘有四季山水的那个墓室——该墓室顶部通体以红色涂地，其上

图50　宝山2号辽墓墓室顶
部藻井装饰
图51　宝山1号辽墓石室前
部顶角彩绘石柱及墓室穹窿
顶南披卷枝花卉纹图案
图52　宝山1号辽墓墓室穹
窿顶西侧面卷云火焰宝珠纹
图案

图 53

图 54

绘以龙纹、卷云纹和花草纹等装饰性图案，穹窿顶表层亦有为墓室立柱支撑着的八根仿木砖雕彩绘支架——也是模仿了一个穹庐形建筑【图27】，同时也令我们再次回想起烧饭仪式上使用的"穹庐"，以及设在穹庐当中的"毡殿"。不难设想，烧饭仪式上的穹庐和毡殿，显然曾被契丹人想象为死后灵魂的理想居所。许多考古发现资料显示，契丹人的这种穹庐式的墓葬装饰，甚至影响到辽代晚期燕云地区的汉人墓葬。【图54】

那么，在宝山辽墓，我们又向何处寻找烧饭仪式所用的"土台"或祭台的对应物呢？据发掘报告记述，宝山辽墓茔区内部，原系一南低北高的缓坡，目前所知的墓葬，均分布于中部以北，大体由南

图 53　宝山 1 号辽墓穹窿顶及残留于石室顶盖石灰层表面的装饰
图 54　河北宣化 6 号辽墓墓室壁画装饰

向北至少分为三排，其中似以居中或偏南位置的墓葬规模较大，年代偏早。此外，"在墓地正中现有一大坑，据了解此处原为一高土堆，早年曾被误认为是墓葬而被挖开，综合起来看这里很可能是规模较大的祭殿废墟。"[129] 发掘报告所记的这个"高土堆"恰好位于所有墓葬的前方。这个高土堆原本会不会就是这个家族墓地所共用的一个可以随时用来举行烧饭仪式的祭台呢？换句话说，包括石室在内的宝山1号辽墓和2号辽墓的内部空间结构，以及墓地当中的那个可能的祭台建筑，作为契丹墓葬的一个早期例子，会不会是模拟了烧饭祭祀仪式上的那套建筑空间组合呢？如果说从这些迹象还不足以得出一个肯定的答案的话，我们又将如何解释这一连串的巧合？

至此，我们不能不提及夏南悉教授曾经做出的一个论断：10世纪初，辽代王室的墓葬就已经采用了"带有戏剧性时尚的中国建筑"，王室以外的辽代墓葬也同样显现出对中国建筑传统的应用，"然而在建筑物外表的背后，契丹本土丧葬习俗仍在延续"。[130] 以宝山辽墓的建筑与装饰验之，信然。

5-3　佛堂化的葬具建筑物：从"石室"到"小帐"的转变

说到墓中石室的问题，我们不能略过巫鸿先生所提耿氏家族墓地4号墓里的一个新发现。该墓尸床的上方，也有一个与宝山辽墓石室形制类似而体积略小的石室。[131] 墓主人耿崇美，死于辽天禄二年（948）。但正如巫鸿先生所分析的那样，由于这座墓是在保宁二年（970）他的妻子卫国夫人耶律氏死后于当年"重移旧墓，别筑新坟"合葬的结果，而且考虑到4号墓建造时已经处于小帐的流行阶段，它之所以采用石室，可能是有意延续一种较为早期的辽代墓葬习俗。[132] 耿崇美虽为汉人，但因其家世显赫，且生前曾因得到辽太祖耶律阿保机的赏识而官居显要，成为可以与耶律氏

129　内蒙古文物考古研究所、阿鲁科尔沁旗文物管理所：《内蒙古赤峰宝山辽壁画墓发掘简报》，《文物》1998年第1期。

130　Nancy Shatzman Steinhardt, "Liao Archaeology: Tombs and Ideology along the Northern Frontier of China", *Asian Perspectives*, vol.37, no.2,1998, pp. 224-244, 398. 至于她推断的契丹葬俗"兼还受到北亚和东北亚地区丧葬习俗的影响"问题，还有待今后更多的研究来证实。

131　朝阳博物馆、朝阳市城区博物馆：《辽宁朝阳市姑营子辽代耿氏家族3、4号墓发掘简报》，《考古》2011年第8期，第31-45页。

132　见巫鸿前引文。

世代联姻的"右族"，其墓中使用石室或许与其夫人的契丹身份有关，总之是反映了在辽汉族显贵的契丹化。只可惜由于发掘报告对该石室的记述并不全面，石室表面的装饰情况无从知晓。但是，这一新发现本身足以表明，在出现小帐之前的契丹早期墓葬中，石室的使用比较普遍——根据目前的考古发现，我们似乎不难判定，契丹早期墓葬中的石室，后来恰好为木结构的小帐所取代。

关于契丹墓葬中常常与网衣和面具伴出的木构覆尸建筑——小帐，曹汛先生曾以辽宁法库叶茂台7号辽墓的发现为例，认为是仿照大木作建筑建造的，不过所仿者不是宫殿，不是佛寺，而是贵族祠堂、宅第之类的一般性建筑，但又并不否认其彩绘装饰与奉国寺、华严寺、佛宫寺木塔等现存辽代佛教建筑上的彩绘装饰基本一致。[133]【图55】诚然，若按宋代《营造法式》中的建筑分类，叶茂台辽墓出土的这类小帐显然算不上是模仿最高等级的宫殿和佛殿的，可是从其彩绘装饰特别是其带有护栏的须弥座样式来看，也决不是模仿一般性的宅第建筑，相反更像是模仿了一个小型佛堂。虽说另外还有一些小帐，如巴林右旗和翁牛特旗辽墓所出的两件，其表面不见有须弥座装饰，但安设在小帐内部的带有护栏的尸床，[134]却颇与佛殿当中通常见于佛像下方的须弥座相像。【图56-1、56-2】故笔者以为，如将这类小帐视为以汉民族祠堂建筑为蓝本，并吸收了部分佛教建筑元素的木构覆尸仪物，似乎更为恰当。因为如果没有佛殿和佛堂建筑的影响，很难想象看惯了穹庐和毡殿的契丹民族，会那么容易接受汉民族的祠堂。至于小帐的作用和意义，一则可能像曹汛先生早先分析的那样，在死者下葬之前，曾作为其地面上的殡攒用帐。[135]这样，它与石室之间的联系，真可谓意味深长。二则应该如牛津大学陈莘博士在其新近的研究中所论述的那样：与辽代寺院中用作经藏或

133 曹汛：《叶茂台辽墓中的棺床小帐》，《文物》1975年第12期。

134 韩仁信：《图木胡柱山辽墓九脊覆尸小帐及辽代葬俗举隅》，《内蒙古文物考古》1996年第1期；翁牛特旗发现的辽代小帐，见 Hsueh-man Shen ed, "Gilded Splendor：Treasures of China's Liao Empire (907-1125)", *Asia Society*, 2005.

135 见前引曹汛文。

136 陈莘（Xin Chen），"The House for Deities and the House for the Dead: Miniature Buildings in the Liao Period", A paper submitted to the conference: *Perspectives on the Liao*, by Bard Graduate Center and The Council on East Asian Studies at Yale University, September 30-October 2, 2010, pp. 333-346.

图 56-1 图 56-2

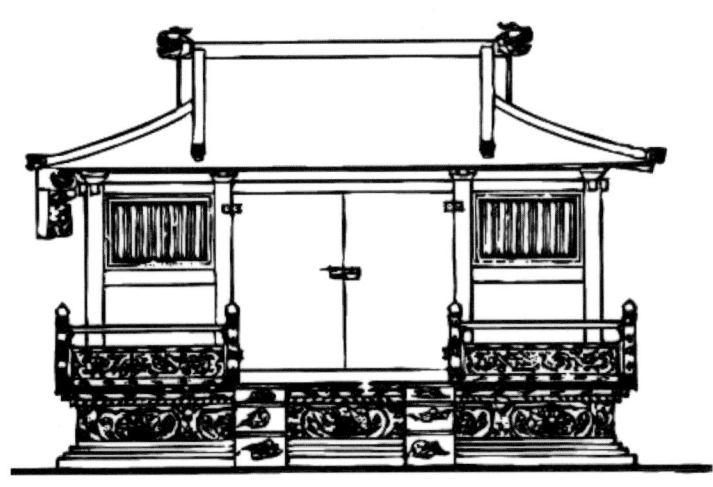

图 55

装纳舍利的微型殿堂建筑，为的是界定神圣之物的等级地位相类似，加罩在尸体上方的这类小帐，也是为了起到界定死者之社会等级、象征死者之高贵身份的作用。[136] 如此，从"石室"到"小帐"的这一转变，无疑再次显现了契丹贵族对自身等级身份的进一步建构，显现了契丹贵族企图借助与佛教有关的物质文化和视觉文化手段，来使死者的灵魂变得格外神圣，使他们的丧葬仪式变得更加庄严。

别具意趣的是，分别描绘在宝山辽墓石室门扉与门楣上方的两组佛教装饰纹样——火焰纹【见彩图 28】和莲花火焰宝珠纹【图 57，见彩图 48】，莫非已经在暗示着契丹人的"石室"（毡殿型神帐）与"小帐"（佛堂型神帐）之间的交替与转换。

图 55 辽宁法库叶茂台 7 号墓出土的小帐线图
图 56-1 翁牛特旗辽墓木椁室和棺床小帐（选自 "Gilded Splendor：Treasures of China's Liao Empire"）
图 56-2 翁牛特旗辽墓出土的小帐与棺床局部

图 57　宝山 2 号辽墓石室正壁门扉及其上方的莲花火焰宝珠纹图案

结语：回望宝山辽墓

　　从宝山辽墓出发，同时也是以宝山辽墓为中心，我们分别沿着四条线索考察了契丹人墓葬艺术中的几个显著特色问题。如从艺术的形态来划分，这些特色分别反映在绘画、制像、工艺和建筑等不同层面。可是将它们拼合在一起，我们却有可能获得一个有关契丹丧葬艺术及其精神内涵的相对完整的图景。

　　通过前面的各种考察，我们可以初步梳理出以下三个层面的认识：

　　其一，契丹早期没有墓葬，他们采用的是"树葬"或称"风葬"。金属网衣本来可能是从他们的早期葬式上发展起来的一套便于收取人骨实施火化的殓具。契丹建国前至建国初，随着对中原土葬习俗的逐步接受，他们逐步放弃了早期的树葬和火葬，而实施全身掩埋的尸骨葬；其中，契丹民族中的贵族大姓，也开始了对晚唐以降中原，尤其是河北地区所流行的那种装饰华丽的墓葬建筑地追摹与效仿。但是，宝山辽墓的内部装饰与石室设置告诉我们，这种模仿并不是简单地"拿来"，而是依据了其本民族丧葬礼俗中所特有的祭祀礼仪方式，参照了"烧饭"仪式中的建筑空间组合形式，对汉式墓葬做了合乎其自身民族风俗习惯和情感表达方式的诠释与改造——他们把墓葬内部打扮得就像常见于"烧饭"仪式上的"穹庐"，把石室装饰得就像穹庐里面用来供奉死者肖像的"毡殿"。这样，"毡殿"内部就成了死者的私人空间，而"毡殿"以外的墓室空间，从墓室壁画和随葬品来看，也便成为主要用于服侍主人日常起居生活和鞍马骑射等户外活动准备的空间场所。这样，烧饭仪式上为给死者送往而生焚的鞍马、酒食乃至"所宠奴婢"等，也便成了墓室壁画当中必不可少的表现题材，它们（他们）宛然已经转化为死者在来世的实际拥有。魏特夫（Karl A. Wittfogel）和冯家升先生在讨论契丹葬俗时曾指出："一个祖先的灵魂生命从他死的那一刻开始。在契丹统治者的葬礼上，通常有活人殉葬，并且要焚烧马、马鞍、衣物等。以人殉葬无疑是要为死者提供在另一世界的合适伴侣，而毁掉的财物则是为了保障死者生活得舒适安逸。"[137] 也就是说，只有从焚烧马、马鞍和以活人殉葬这一特殊葬俗的角度，我们才能更加深刻地理解那些鞍马形象为何成为契丹墓葬艺术中的必备题材，才能更加深刻地理解那些侍者形象为什么会被描绘得那样栩栩如生。

其二，笔者曾在另文中谈到，进入 10 世纪之后，中国墓葬明显受到了来自佛教的影响，其中的两个重要迹象，一是许多陵墓的陵园当中普遍出现了佛寺；一是受僧人塔葬习俗的影响，世俗墓葬建筑开始出现坟塔化的倾向。[138] 与这样一种大的时代背景相一致，契丹建国之后，伴着土葬制度的施行，将佛教奉为国教的契丹王室与契丹贵族，很快又发展

137　Karl A. Wittfogel and Feng Chia-sheng , History of Chinese Society Liao (907-1125), Section VII. Introduction: Ch'i-tan Tribal Religion, *The American Philosophical Society Independence Square*, Philadelphia:1949. p.215.

138　李清泉：《从南汉康陵"陵台"看佛教影响下的 10 世纪墓葬》，载于巫鸿,*Tenth-Century China and Beyond: Art and Visual Culture in a Multi-centered Age* (Chicago: Center for the Art of East Asia, 2012)。

出一套融汇了浓重佛教文化元素的丧葬礼俗。且不说地上影堂画像（或塑像）和墓葬壁画中的仆人"写真"背后的佛教渊源，综合近年在辽代汉人墓葬中发现为数可观的木雕真容偶像来看，当时佛教社会特别是密教所流行的一种以此生之身"即身成佛"的新的法身观念，对整个辽代社会产生了十分重大的影响。这一影响，导致了丧葬习俗和墓葬艺术中重塑身体风气的发生。[139]笃信佛教的契丹王室与契丹贵族，无疑最得风气之先。他们在采纳了汉人的尸骨葬之后，很可能又参酌了唐、五代时期佛教高僧制作真身的方法来保存死者的身体，试图葆有一个始终不坏的"真身"。出于保护和重塑身体的需要，他们保留了早期葬俗中的网衣，并以金铜材料制作出模仿死者面容的"真容"面具，进而用木制小帐这样一种模拟佛堂的微型建筑取代了早期墓葬当中使用的石室，以使死者的身体获得重重庄严与保护。事实上，只有将契丹人保存尸体、制作面具和使用小帐这类葬俗现象放置在 10 世纪以降的佛教文化背景和整个契丹社会的佛教气氛里，才更容易观察到潜藏在这一系列现象背后的共同逻辑；而且也只有从宗教信仰的角度，我们才不难理解一个民族的葬俗何以在那么短的时间内，就发生了从放弃尸体到保存尸体，甚至以艺术表现的手法重塑身体、庄严身体这一反差巨大的前后变化。

其三，毋庸置疑，契丹葬俗在建国前后开始受到汉人葬俗和佛教葬俗的强烈影响。但是很多迹象表明，契丹民族无论对汉民族的丧葬艺术传统，还是对佛教丧葬艺术传统，都不是直接拿来为用的，而是主动将其熔铸成具有自己民族特色的丧葬文化与艺术形式，以之实现其文化身份的建构。在墓葬的空间建构方面，如前所述，打从契丹贵族一开始接受汉民族的墓葬形式和建墓方式，他们便将墓室内部布置、装饰得带有浓郁的草原游牧生活色彩。在壁画题材方面，如果说画在宝山 1 号辽墓墓室东壁的那幅相对简略的鞍马图，还不过是反映了与随葬马鞍和杀马祭祀相类似的早期意识，反映了契丹民族对马的重视，而我们在其后的契丹贵族墓葬中看到，伴着随葬马具习俗

139　李清泉：《真容偶像与多角形墓葬——从宣化辽墓看中古丧葬礼仪美术的一次转变》，《艺术史研究》第 8 辑，广东：中山大学出版社，2006 年，第 433-482 页；另见李清泉：《宣化辽墓：墓葬艺术与辽代社会》，北京：文物出版社，2008 年，第 262-332 页。

140　宝山 2 号墓石室后壁所绘的牡丹图，与北京八里庄唐王公淑墓、河北五代王处直墓完全一致，表明画家完全熟知当时汉地墓葬艺术中的流行题材。

的延续，这一表现题材逐步脱离了墓室，发展成专门用于墓道两壁的一种装饰，且其场面越来越大、内容也越来越丰富；到辽代中期以后，墓道的长短、出行仪仗场面的大小，以及仪仗中的高轮驼车（青幰车）、旗鼓仪仗等，无不成为契丹贵族等级与身份的重要标志。在葬式与殓具方面，契丹贵族并没有满足于汉民族的尸骨葬，也没有采取一般佛教僧侣与汉人佛教信众普遍采用的火葬，而很可能是在尸骨葬的基础上，仿效了佛教高僧保存尸体的方法制作成不坏的"真身"，然后裹以从其早期葬俗保留下来的那种具有鲜明民族特色的网衣，加罩仿自死者真容的金铜面具，从而为死者重新塑造出一个像佛一样永远不毁的"金容"和一个长久不坏的身体，但是他们似乎丝毫没有将死者妆扮成一个佛教高僧的意图，因为死者的面具及其穿在网衣外层的华丽衣冠【图58-1、58-2、59、60】，都在清晰地表达着一个世俗契丹贵族的身份；安置死者尸体的小帐也没有试图将其中的死者转变成一尊佛教偶像，相反，它被用作死者来世居住的私人空间，以之凸显契丹贵族身份的神圣与庄严。上述所有一切，无一例外地反映出契丹王朝在丧葬艺术层面，对其本民族之文化形象，以及对契丹贵族之高贵身份与社会等级地位的不断构建。具体到宝山辽墓，虽说我们并不能肯定两墓的建造者就是带着这样一种文化身份意识来规划和设计墓葬的，但是我们相信，这样的意识在当时的契丹人特别是契丹上层贵族阶层的头脑里，总会时常发生。

本文行将结束之际，当我们再一次回望宝山辽墓，这两座历时千余年的契丹古坟，仿佛倏然之间变作一段动态画面，在我们面前徐徐展开：

正当死者停灵待葬期间，正当死者的亲属在考虑如何装殓、处理死者的尸体之时，建筑工匠开始按汉式图样建造墓葬，但实际施工过程中，墓葬内部却被改变成一个穹庐；穹庐的内部又被加进了一个装饰成"毡殿"的石室——就像契丹人殡攒或祭祀仪式上的"神帐"建筑。

墓葬建成之后，汉人画家与契丹画家被同时招进墓室画壁，就像隋朝著名画家杨契丹、田僧亮、郑法士同画京师光明寺小塔那样，同场献技：石室之内，熟悉汉地习俗的汉人画家本可以按照汉民族墓葬装饰的一般惯例来确定石室内壁的装饰题材，[140]但是，出于主人的需要，这位博学多才的画家不得不从自己手中掌握或契丹上层贵族收藏的唐五代名家画样中，选择出合乎死者性别、趣味及其王室身份的表现题材，而且在男性死者勤德的1号

图 58-1

图 58-2

图 59

图 60

图 58-1、58-2　辽陈国公主
墓出土的鎏金银冠与錾花银靴
图 59　辽陈国公主墓公主与
驸马尸体装殓与随葬品分布图
图 60　阿鲁科尔沁旗博物馆
藏辽代铜质鎏金女冠

墓石室后壁，画家甚至不得不将当时汉地墓室壁画中流行的那种背屏式《牡丹图》改画成挂有箭弓与箭囊的华丽厅堂，以完成、实现对死者性别及其民族身份的烘托与塑造。在石室之外，像当时的名画家耶律倍那样，擅画胡服鞍勒、不作中国衣冠的契丹画家，受命描绘墓室四壁上的鞍马人物与侍者形象。与掌握大量前代名家画稿、熟悉众多历史故事的汉人画家不同，参与绘制宝山辽墓的契丹画家，他们的画样除了来自当时的影堂画像，更多直接来源于自身周围的现实生活，尤其是画在墓门两侧与石室内外的那些栩栩如生的侍者形象，仿佛就是死者生前奴仆的真实写照。最终，更富于艺术想象力和浪漫气质的汉人画家，正像巫鸿先生所说的那样，将石室的内部转化成一个超越了现实生活、且又充满着皇室品位的虚幻历史与神话领域；而忠实、质朴的契丹画家，则以契丹民族对死后"送往"的特有理解，画出了与真人真马尺度相当，而且表现手法极其写实的鞍马与仆从像，从而将包括石室在内的整个墓室，转变成一个实实在在的饮食起居生活空间——在这些"真人""真马"的反衬之下，石室内部那些虚幻的历史故事和神话题材，也就自然而然地变成了装点厅堂，并寄托死者个人情操与来世关怀的一幅幅名副其实的"画"。

最后，当身穿网衣、装殓华丽的死者在送葬人群的护拥下缓缓进入墓中的石室——倘若他（她）的灵魂有知，他（她）会看到：停枢期间，亲故与族人在祭祀仪式上致送的鞍马、弓箭与衣物，以及生前朝夕相见的侍者、仆从已经来到了他（她）温暖的新居，正等待陪伴主人的来世生活。而且就在身份高贵的契丹墓主人入居"毡殿"的这一"大结局"时刻，我们才进一步地理解到不同尺度、不同风格的壁画人物，以及鞍马、弓箭和生活道具其背后蕴藏的深刻含义。

可是在这段看似简单的视觉画面的背后，我们不会忘记曾经有过多少双来自死者家族乃至契丹王室的眼睛在注视着前前后后的整个过程，曾经有过多少来自死者家族乃至契丹王室的声音在左右着整个过程中的各种纠结的采纳、放弃与折中，而我们眼前的所有一切，只不过是整个过程最终结果的一个呈现。此时此刻我们禁不住要感慨唏嘘：这两座重现于世的契丹古墓，恍若两个尘封了千年之久的历史剧场，其中曾上演过 10 世纪前后契丹人面对多元错综的蕃汉文化、新旧习俗、不同艺术传统乃至不同宗教信仰的各种彷徨、挣扎与抉择。

附　录

内蒙古赤峰宝山辽壁画墓发掘简报

内蒙古文物考古研究所
阿鲁科尔沁旗文物管理所

宝山，又名"老头山"，位于赤峰市阿鲁科尔沁旗东沙布日台乡西南 12.5 公里，西与巴林左旗毗邻，东距宝山村 1.5 公里。在主峰阳坡有辽代夯筑茔墙，茔墙内分布大、中型辽墓十余座，早在 20 世纪 50 年代这里已被视为一处围有茔墙、规模壮观的契丹显贵墓地。[1]【图 1】

1993 年冬，墓地中一座大型壁画墓被盗。该墓内部结构独特，装饰华丽，满绘壁画，并有"天赞二年"（923）题记，这是迄今发现的纪年辽墓中最早的契丹贵族墓。在当地有关部门迅速采取保护措施后，内蒙古文物考古研究所会同旗文物管理所于翌年 10 月对墓葬进行了抢救性发掘。同时，在该墓西侧四十余米发现一盗洞，并确认这是另一座绘有大量精美壁画的墓葬，后将两墓分别编为 1、2 号墓。对 1 号墓的发掘已按计划完成；2 号墓因条件限制，为避免再遭破坏，暂对墓室采取应急处理，然后填封盗洞。1996 年 8 月，再次赴墓地做补充发掘，重点为 2 号墓墓道，同时对茔区的茔墙、茔门进行了解剖和测绘。现将两次发掘情况简报如下。

一、墓地茔墙与墓葬分布

茔区平面呈长方形，方向略偏东，东墙长 197 米、西墙长 201 米、南墙长 167 米、北墙长 172 米。夯筑墙体残高 1 米余，东、南各设一门，建有瓮城。其中东墙基宽 7.3 米、存高 2.2 米。东门宽 7.6 米，所属瓮城北墙基宽 4.7 米、存高 1.8 米。南门宽 9 米，东侧有门房建筑遗迹，其瓮城西墙宽 5.2 米、存高 1.5 米。上述墙体为板筑，夯层厚 0.2 米—0.4 米，四围主墙宽于瓮城墙，而南门又宽于东门，并设有门房，应是茔区的主门。

---

1 李逸友：《阿鲁科尔沁旗水泉沟辽代壁画墓》，《文物参考资料》1958 年第 4 期。

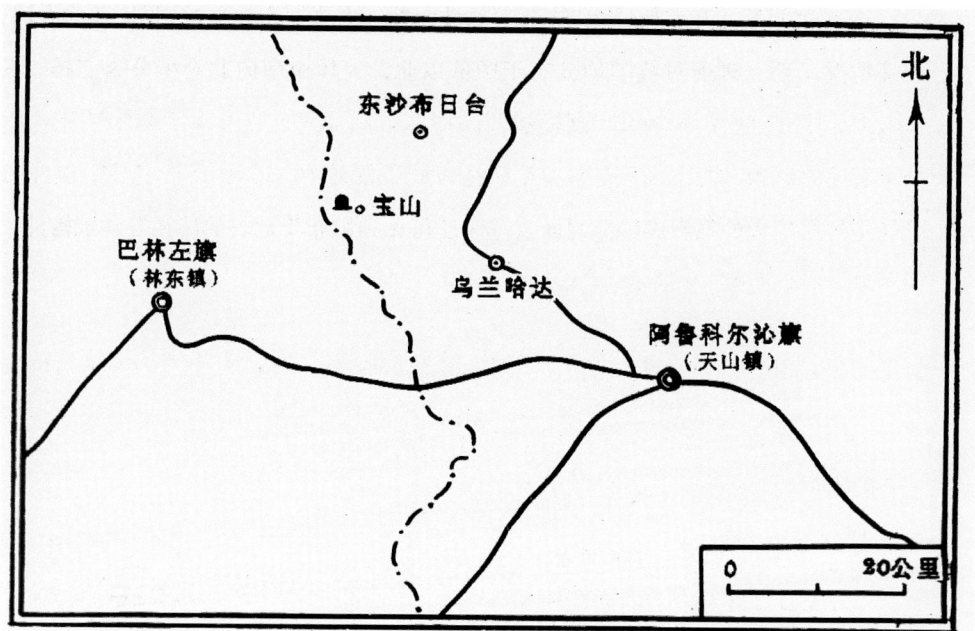

图1

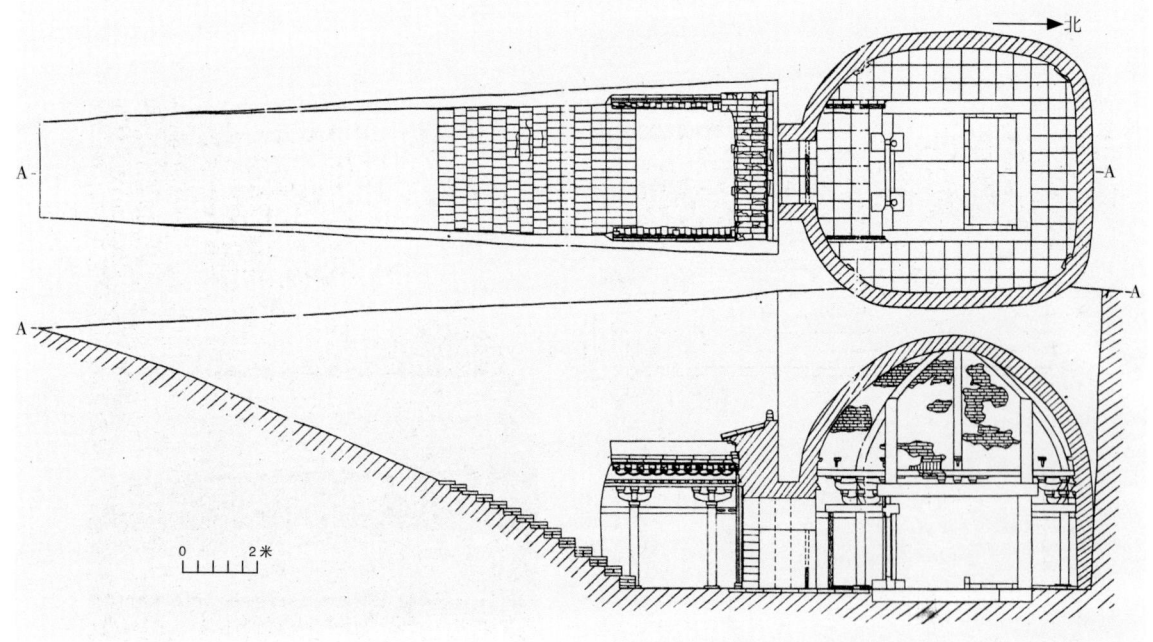

图2

图 1 墓地位置示意图
图 2 1号墓平、剖面图
图 3 1号墓墓门正视图
图 4 1号墓门庭

茔区内原系北高南低的缓坡,其南部坡面曾经大规模土地平整,早已辟为农田,埋葬情况不明。现所见墓葬均分布于中部以北,大体由南向北至少分为三排,其中似以居中或偏南位置的墓葬规模较大,年代偏早。此外,在墓地正中现有一大坑,据了解此处原为一高土堆,早年曾被误认为是墓葬而被挖开,综合起来看,这里很可能是规模较大的祭殿废墟。北面墓葬间还可见到散布于地表的砖瓦等建筑构件,说明墓地中原有祭殿或草堂类建筑不止一处。

二、1 号墓

(一)墓葬形制

　　1 号墓位于墓地东北部,距东墙 24 米、北墙 45 米。为砖石结构,正南方向,由墓道、门庭、墓门、甬道、墓室、石房组成,全长 22.5 米。【图 2】

　　墓道为 23 度的狭长斜坡,由坡道和砖砌阶梯两部分组成,长 12.76 米。入口

图 3

图 4

图 5　1 号墓墓顶结构
图 6　1 号墓墓室斗栱
图 7　1 号墓墓室斗栱

图 5

处宽 2.2 米、接门庭处底宽 2.8 米、上宽 3.55 米、垂直深 5.7 米。

门庭平面长方形，底部为平坦的黄土面，宽 2.95 米、进深 3 米。在墓门两侧以砖砌仿木建筑形成庭院。西侧墙高 2.27 米—2.97 米、长 3 米，东侧墙高 2.14 米—2.86米、长 2.98 米。墙体采用砖雕、影作仿木结构：双柱凸立，柱底垫砖础、顶侧横连影作阑额，上托雕绘的斗栱，均为一斗三升，栌斗正中出单昂、齐心斗。斗栱之上为橑檐槫，槫上砌圆形檐椽和影作方形飞檐。檐头上斜铺滴水、瓦当、脊顶叠瓦、砖各一层，上扣筒瓦。墙体表面施白灰。【图 4】

墓门砖砌，门洞呈圆拱形，宽 1.4 米，高 2.02 米，上筑歇山顶门楼，通高 3.98米。拱门之外凸砌立颊、门额，门额正中及两侧雕花式门簪。普柏枋上雕绘斗栱四组，亦作一斗三升，同门庭侧墙斗栱相似。橑檐槫之上为圆形檐椽和方形飞椽，椽头施板瓦、筒瓦，前排花缘滴水和兽面瓦当大多塌落。正脊叠瓦一层、砖两层，上扣筒瓦。【图 3】

甬道呈栱形，宽 1.4 米、高 2.02 米、进深 1.62 米。壁面及券顶施白灰，地面铺方砖。甬道内砌三重封门砖墙，并装有一道木门，现残存部分门栏及边框。

墓室平面呈抹角长方形，宽 5.42 米、进深 5.84 米、高 5.3 米。周壁及顶砖雕、影作仿木构件，四角有彩绘半明柱，立壁高 1.58 米，壁顶凸砌阑额一周。立柱与阑额顶部雕绘八朵斗栱，其中柱头铺作四朵【图 6，见彩图 2】，补间铺作四朵【图 7】，斗栱托影作橑檐枋一周，其上自下而上凸砌八条支架，使穹隆顶呈八角并状【图 5，见彩图 1】。墓室壁面及顶部仿木结构间遍施白灰作画，地面铺花纹方砖。

石房长方形，建于墓室正中偏后，以雕琢精细的整块石板组装而成，南北长 3.7

126

图6   图7

米、东西宽 3.16 米、高 2.36 米。门正对甬道，包括门额、门柱、门槛、门墩及两扇带锁石门，宽 1.73 米、高 1.9 米。其余三面外表抹白灰，影作仿木结构。石房内进深 2.76 米、宽 2.6 米、高 2.06 米。四壁及顶磨光作画，地面亦铺石板。

在石房顶上四角竖有石雕彩绘圆柱，高 1.88 米，以支撑墓顶。又于四边角近顶两侧与墓室立壁间，分别横架条形石过梁，共计八根。其中在石房正面两侧过梁下各设一道木门，将墓室与石房之间的空间分隔开来。根据这种划分，在墓室整体范围内，可将石房正面空间视为半封闭的前室；石房则为主室；两边为侧室，作用如同后来常见的耳室，分别置放不同类别的随葬品；而石房后通道作为贯通侧室的回廊，似乎另有含意，其北壁正中绘有门扇，表示通往室外的门户。侧室与回廊砖铺地面较前室高出一层。

（二）葬制

在石房后半部以带花纹的长条形砖砌筑尸床，长 2.6 米、宽 1.17 米、高 0.25 米。周围有散弃的尸骨。据残存遗物可知，尸床原罩有木雕彩绘小帐。在残碎丝织物上还发现了银丝网络印痕，证实早在辽初小帐和网络的使用已作为契丹贵族葬制的组成部分。

（三）随葬品

墓葬曾多次被盗，劫余的随葬品散弃各处，所剩无几，计有金、铜、铁、陶、瓷、骨器及丝织品等，现择要简介如下。

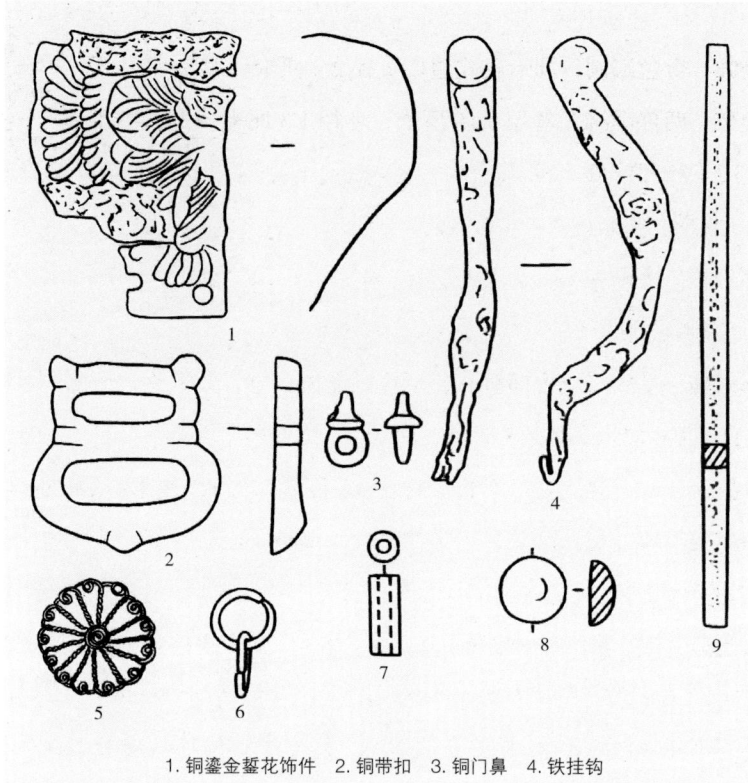

1. 铜鎏金錾花饰件　2. 铜带扣　3. 铜门鼻　4. 铁挂钩
5. 金饰　6. 金环　7. 骨管　8. 蚌质围棋子　9. 骨器（均为 1/2）

图 8　1 号墓出土遗物

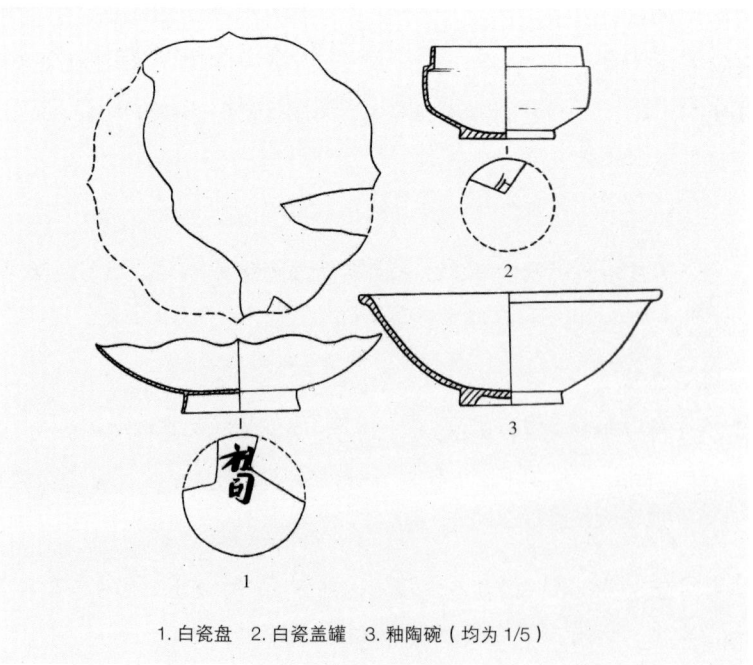

1. 白瓷盘　2. 白瓷盖罐　3. 釉陶碗（均为 1/5）

图 9　1 号墓出土陶瓷器

金饰　金丝编制，圆形花式边。直径 2.3 厘米。【图 8-5】

金环　两件套接。丝径 0.15 厘米、环径 1.3 厘米。【图 8-6】

铜鎏金錾花饰件　残。薄片状，有钉孔，系圆形物体上的装饰，表面细錾花纹。残长 5.6 厘米、宽 4 厘米。【图 8-1】

铜带扣　桃形扣环，后部长方形。长 3.8 厘米、宽 2.7 厘米—3.7 厘米，扣环孔径长 2.5 厘米、宽 0.9 厘米。【图 8-2】

铜门鼻　呈圆形，中间有孔，下连锥形体，垫有圆铜片。长 1.4 厘米、直径 0.8 厘米、孔径 0.4 厘米，垫片直径 0.7 厘米。【图 8-3】

铁挂钩　圆锥体，顶部弯折。直径 0.9 厘米、长 8.7 厘米。【图 8-4】

釉陶碗　残。圆唇，敞口，腹壁弧收，圈足。红胎细腻，通体挂白釉。口径 18 厘米、底径 6 厘米、高 6.8 厘米。【图 9-3】

白瓷盘　残。花式口，方唇，腹弧收，圈足。胎质细腻，釉色莹润，足底墨书"社司"二字，字迹清晰。口径 17.2 厘米、底径 7.2 厘米、高 4.4 厘米。【图 9-1】

白瓷盖罐　残，缺盖。子母口未挂釉，直腹斜收，平底。底部刻有字款，已残缺。口径 9 厘米、腹径 10 厘米、底径 5.6 厘米、高 5.6 厘米。【图 9-2】

骨器　呈长条状，截面方形，两端略细且平齐，通体磨光。长 11.3 厘米、宽 0.5 厘米。【图 8-9】

骨管　圆柱体，中间穿孔。直径 0.55 厘米、孔径 0.25 厘米、长 1.6 厘米。【图 8-7】

围棋子　蚌质。一面平，另一面圆凸。直径 1.3 厘米、厚 0.45 厘米。【图 8-8】

（四）壁画

壁画绘于墓室及石房内外，除局部脱落或漫漶外，大多数画面保存较好，总面积近百平方米。

1.墓室壁画

接分布可划分为三层，阑额以下立壁为底层，阑额至橑檐枋为中层，穹窿顶部为顶层。各层画面主题鲜明，与施彩仿木建筑结构相辉映，立体效果甚佳。

（1）底层壁画

主要描绘生活场景。按墓室内部结构划分为前室南壁、西侧室西壁、东侧东壁、北回廊北壁四部分。画面人物高 1.6 米左右。

前室南壁吏仆图　甬道入口两侧各绘一人。左为壮年男吏，勾鼻，小髭。戴黑

图 10

图 11

图 10　1 号墓甬道拱门顶部卷云火焰宝珠图案
图 11　1 号墓石房外东壁建筑影作

色幞头，着圆领紧袖紫褐色团花长袍，腰系白带，穿浅色便靴，叉手而立。【见彩图 9】
右为女仆，梳齐耳短发，杏眼微翘，高颧骨，朱唇。身穿淡红色圆领长袍，腰系白带，
左侧悬短匕，下着黑色裤、靴。双手交于腹前，拇指相对。【见彩图 11】

　　西侧室西壁侍仆图　画面有七人，呈一字排开。第一人位于西南转角明柱南侧，
为青年男侍，黑发垂肩，着米黄色圆领袍，白革带，浅黄裤，白靴。叉手于胸前，
表情温和。【见彩图 14】柱北侧六人均面东，两两侍立。前为中年女仆，发型同前
室女仆，穿淡蓝色袍，系织带，白裤，浅色靴。双袖挽至肘部，端盖碗回视身后年
长男侍。男侍留寸发，面部多皱纹，穿齐膝圆领袍，系革带，着黑色裤、靴。身左
侧挂皮囊、佩短匕。挽袖双手托一圆盘，神情专注。其画面似表现女仆刚从盘中端
出盖碗，将送往主人处。【见彩图 15】后四名侍从皆蓄齐耳短发，着长袍，恭立一侧。

　　东侧室东壁牵马图　画面绘一人三马，面北侍立。驭者立于马右前侧，短发，
着淡黄色袍，浅色裤，白靴。左手握缰，右手持鞭竿靠于肩部。马为枣红色，双耳
斜立，环眼，额前垂鬃呈扇形，颈部披鬃修长，配全套辔头、胸带、鞍鞯，颈下悬
巨缨，束尾播翎。【见彩图 27】鞍具主要以粉红、黑色妆点，绘以精美图案，金属
饰件部分多饰以金箔，尤显豪华考究。【见彩图 25】此马身后跟随白马、黄马各一匹，

130

鬃稍短，束尾，备简易马具。【见彩图 23】

北回廊北壁宴桌、犬羊图 西侧绘一黄色方形矮桌，云头形桌腿，桌面置各式杯、盘十一件。【见彩图 19】中部绘开启的门户，红门框，东侧一扇门可见，菊黄色木纹，饰四排泡钉，中间挂锁。一只黄犬颈系悬铃，头探向门外，似作迎候状。东侧一山羊尾随其后。【见彩图 20】

（2）中层壁画

甬道拱门顶部两侧，对称绘卷云火焰宝珠纹。卷云以墨线勾勒轮廓，内填蓝、绿、黑彩，由深及浅，层次分明。卷云上托火焰宝珠，宝珠内满绘浅绿三瓣花形纹样。【图 10】同层位的八朵仿木构斗栱亦施多种色彩及精致图案。

（3）顶层壁画

依八角井式穹窿顶结构可分为八组。南、北两组对称，内容相同，均为卷枝花卉图样，其枝叶向下卷曲，花蕾怒放。【见彩图 8】东、西部两组亦对称，为卷云火焰宝珠纹，每组底部绘卷云托莲，其上三朵卷云，呈品字形分布，卷云上各托一火焰宝珠，宝珠中心有黑色圆眼。【见彩图 7】上述画面以红、黑、黄、淡蓝彩晕染，色彩绚丽。

墓顶正中绘双层团形花卉纹样，大部分已脱落。

2. 石房壁画

（1）外表壁画

石门装饰图案 两扇石门正面绘红色火焰纹，门额、门柱以红彩绘木纹，门槛与门墩绘墨线宝相花图案。

南壁侍仆图 石门两侧各绘一站立人物。西侧为男侍，戴黑色幞头，着黑袍、白带、浅裤、白靴。双手交握于胸前。东侧为女仆，齐耳短发，杏眼，朱唇，穿土黄色袍，扎黑色鞢韄带，悬荷包，下着黑靴。双手拢于腰际，恭谨侍立。【见彩图 28】

东、西、北壁建筑影作 以东壁为例，南、北边角各绘彩柱，柱顶两侧接红色阑额，其上彩绘斗栱，再上绘红色橑檐枋。【图 11】

（2）内部壁画

南壁侍仆图 东侧为男侍，戴黑色幞头，小髭，面粉白，眉目清秀，朱唇。着黑袍、白色中单，系红色锦带，白裤，便鞋。叉手于胸前。【见彩图 29】西侧为女仆，披发垂肩，凤目，朱唇，面露笑容。穿左衽黑袍，饰红色团花，系红胸带，

图 12

图 13

图 14

图 12　1 号墓石房内南壁侍仆图
图 13　1 号墓石房内西壁《高逸图》（局部）
图 14　1 号墓石房内西壁《高逸图》（局部）

白靴。双手抄袖于腰际。【图12，见彩图30】

北壁厅堂图　主要表现厅堂的布置，画面略有剥蚀。【见彩图33】

图下方绘长方形地毯，饰以团花及菱形图案。地毯上左侧置红面黑腿几案，上有盘、筷、碗及高足盏。案右斜放一张靠背座椅，椅面及靠背装饰团窠、禽鸟等纹样，椅背右侧挂拂尘。案、椅转角处均饰以金箔。椅后再绘一案，仅露局部，腿作云头形，案面斜支一张弓和三支羽箭。【见彩图36】

在红色几案左上方有盘曲的羊角挂钩一对。左侧悬挂弓囊与箭筒，弓囊呈刀形，图案繁缛，内盛一弓。箭筒在弓囊之后，侧开式筒盖翻垂，筒内有鸣镝数枚。右侧悬宝剑，红带、黑鞘，剑格呈云头形。其外侧挂一条黄色锦带，饰绿色云纹，顶端系结，向下逐渐展开垂置于弓囊内。【见彩图34】

上述器具着色艳丽，并普遍采用贴金装饰，使画面愈显富丽堂皇。

西壁《高逸图》　此图漫漶较甚，部分画面难以细辨。其左上角载有记述墓主人下葬时间的墨书题记，竖行书写，计五行三十四字。题记曰："天赞二年癸[未]岁大少君次子勤德 年十四五月廿日亡 当年八月十一日于 此殡故记。"【见彩图40】画中七人占据画面的中心位置，其中又以围坐的五人为主，各有榜题，两名随僮侍立于旁，周围树木环生，景致宜人。

画面中上部，一僧人端坐黑色靠椅上，秃顶，浓眉，着灰袍，软鞋。其右侧侍立一女僮，梳单髻，双鬟抱面，穿淡黄交领宽袖上衣，黄裙，外围浅色腰裙。双手拱于胸前，身侧有修竹一簇。

右侧长方形木榻上坐一道者，戴黑色方巾，长须，面含微笑。穿交领素袍，布履。身后停一乘盝顶肩舆，侧旁有一株杨柳，蔓枝曲垂，绿叶错映。【见彩图42】

画面右下方背坐一人，头侧仰，穿浅色内衣，黄袍散披于肘部，腿侧伸，着便鞋，似正与道者高谈阔论。坐下木墩形如走兽。右侧一女僮面向道者侍立，梳双鬟髻，着黄袍，浅裤，便鞋，双手合握于胸前。【图14】

左下方侧身背坐一人，戴黑色展脚幞头，着浅色袍服，佩玉带，拱手作恭听状。坐下为磐石。其头顶上方有"刘楚"二字榜题。其身后矗立参天古树，枝繁叶茂，一只黑鹊迎树飞来。【图13】

左侧磐石侧坐一人，头略向前倾，戴黑色巾帻，着黄袍，手捧一物。其身后有棕榈一株，黑色树干，阔叶叠翠。

东壁降真图　画面局部漫漶，左上部有菊黄色竖框，框内楷体墨书"降真图"。

图中绘五人，皆标榜题，所绘为汉武帝谒见西王母的情景。【见彩图31】

左下方坐者为"汉武帝"，束髻，长须，穿交领宽袖素袍，腰身挺直，拱手，坐于方形云榻上。榻前置长方形几案，上有三足盖鼎、托盘等物。

右侧四仙女驾云而至，云头回曲，瑞气升腾，云尾逶迤，遥接天穹。为首者榜题"西王母"，梳蝶形双鬟髻，双鬓抱面，钗饰描红贴金，柳眉细目，面如盈月。内着交领宽袖衣，外罩大红色衫，白色云肩，广袖低垂，肘部加羽，下着红裙，外套淡粉围腰，彩带飘逸。手捧寿桃，仪态优美。其身后三女，容貌姣好，发型、装束与西王母相似，但服饰色彩更具变化。三人分捧鲜花、包裹和盝盒。【见彩图32】

人物周围点缀山石、树木。左下为盘根古树，枝干苍劲。中间翠竹丛生。右上方群山叠嶂，绵延起伏。右下方有卧地奇石。

顶部云鹤图 采用对称形式，边角各绘云朵，内有四鹤首尾相顾，振翅飞翔。鹤间又有流云四朵。中心为硕大的团花纹样。【见彩图47】

三、2号墓

（一）墓葬形制

2号墓位于墓地中部稍后，东距1号墓39米。以条石砌筑，方向95度。由墓道、门庭、墓门、甬道、墓室、石房组成，全长25.8米。【图15】

墓道长19.25米，斜坡为16度，近底修有五级台阶，入口处宽2.3米、接门庭处底宽3.4米、口宽4.2米、垂直深6.86米。

墓门两边侧壁有长1.25米的石灰墙，其顶部与墓门转角上方斜砌数层石板，底部地面斜平，应为门庭建筑的简单表现形式。

墓门宽3.24米、高2.56米，门面通抹白灰，影作仿木门楼。门洞外立置长1.86米、宽1.12米、厚0.22米的长方形封门石。【图16】

甬道长方形，进深1.2米、宽1.3米、高1.65米。壁面白灰脱落，底部铺方砖，内口砌一道砖墙封堵。

墓室平面近方形，进深4.45米、宽4.9米、高3.8米。其立壁高1.84米，顶部逐层叠涩圆收，正中盖内径为1.65米的封顶石。室内原遍抹白灰作面，地面铺方砖。

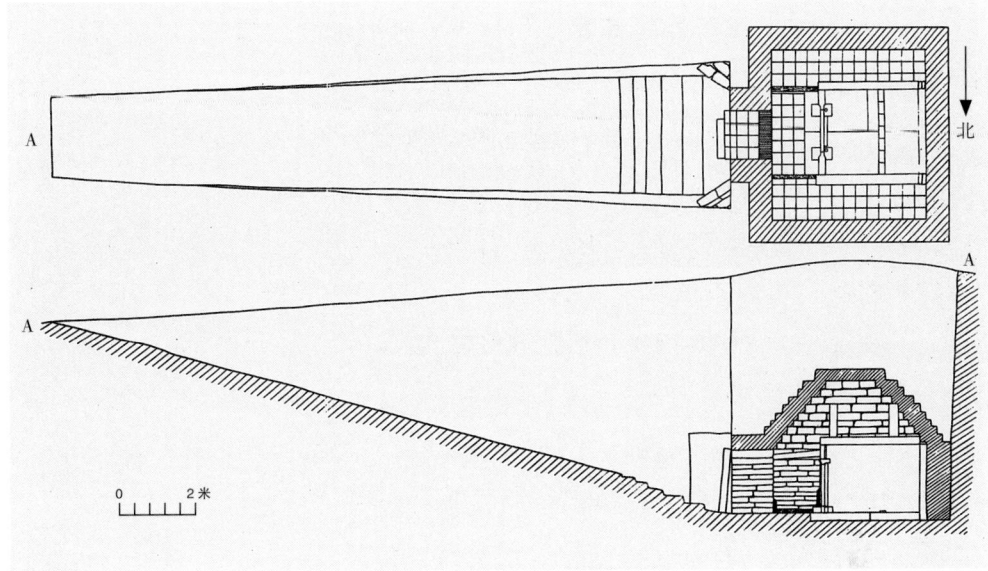

图 15　2 号墓平、剖面图

图 16　2 号墓门庭与墓门

图 17　2 号墓出土的打制石碑

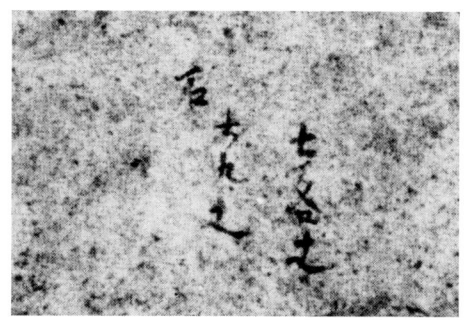

图 18　石碑上墨书的契丹小字

石房为长方形，贴墓室后壁起建，亦以整块石材组装，顶部侧边出沿，正面平齐，东西长 3.2 米、南北宽 2.97 米、高 2.18 米。外表抹白灰作画。石房门面内凹，两边为门柱、立颊，底部有门槛、门墩，顶部门额与上额连为一体，上额外凸，两侧雕饰门簪，中间为对开的两扇石门。【见彩图 48】石房内进深 2.7 米、宽 2.45 米、高 1.96 米，四壁及顶磨光作画。

石房外顶四角亦竖有石雕彩绘方柱，上端支撑着基顶。【见彩图 45】由于石房是贴墓室后壁而建，其转角两侧与墓室立壁间石过梁减少到四根，正面两侧过梁下也加框设门。【见彩图 44】石房后回廊的消失及其两侧的封闭，更加突出了对墓室立壁以下空间的分割，使石房外围格局，即前室与侧室的独立存在更为形象具体。

（二）葬制

石房内贴西壁以花纹砖砌筑尸体，长 2.45 米、宽 1.15 米、残高 0.06 米。尸床上的成年女性尸骨已被扰乱，根据迹象，其头向应朝北，亦为单人葬。另据墓内残存木构件，可知石房内原有雕绘精致的木制小帐。

（三）随葬品

此墓室因多次被盗，墓室及石房内的随葬品损失殆尽。但在墓道贴南壁 6.3 米深，距墓门 1.2 米处，发现打制石碑一通。石碑通体不甚平整，碑首呈半圆形，碑身长方形，长 95 厘米、宽 45 厘米、厚 20 厘米。【图 17】倒扣的一面墨书契丹小字，共三行九字，目前尚难解读【图 18】。

（四）壁画

分布于墓室与石房内外的壁画，原面积约 60 平方米，现存近 30 平方米，其中尤以石房内的壁画最为精湛。

1. 墓室壁画

绘于立壁的底层壁画，包括前室和南、北侧室三部分，画面除顶部残存影作阑额外已全部脱落，残片中见有人物局部线条，表明其题材类似于 1 号墓所描绘的生活场景。

叠涩顶部遍施白灰，其四角至墓顶封石分别绘一道红彩，象征顶架。圆顶封石绘大型团花图案，外围以五瓣花组成花环，花红叶绿；中心为红、黄彩晕染的莲花，花瓣呈双层交叠，花蕊外层是七朵宝相花，中心为细腻的团花纹样。【见彩图 46】

2. 石房壁画

（1）外表壁画

石门装饰图案　石门构件除黑色门墩外遍施红彩。两扇石门上、中、下及对角打有墨线，将门面由中心向外分为八部分。上方楷书"朱门""永固"四字，字口原贴金。门额顶部白描莲花，花蕊托火焰宝珠，两侧枝叶卷曲。

东壁侍从图　绘于石门两侧。南侧男侍着圆领紧袖白袍，腰系带，淡红色裤，便靴。双手合握于腰际。北侧男侍戴黄色幞头，钩鼻，面部消瘦。穿浅褐色袍，束带，着黑靴。双手拱于胸前，神情专注。【图 19，见彩图 50】

南、北壁建筑影作及壁画　两壁顶部绘红彩阑额，转角处绘立柱。北壁原有三人立像，因剥蚀仅余一人可辨，系一女仆，其发际披肩，双目凝视，高颧骨。穿右衽长袍，浅色内衣，系红带，穿黑靴。【图 20】

（2）内部壁画

东壁仆佣图　石门内侧亦施红彩，门侧壁面各绘一女仆。南侧为中年女性，梳披肩长发，深褐色交领紧袖长袍，白腰带，黄靴。双手持杯，此画留有明显的修改痕迹。北侧为少女，秀发披肩，面颊丰满红润，着交领浅黄袍，腰扎红条纹绸带，穿黑靴。手捧金盏。【见彩图 52】

西壁牡丹图　画面下半部漫漶不清。全图以绿叶簇拥的牡丹为主题，白色花蕊，浅红色花蕾及花朵。左右上角以对称形式绘黄鹂、彩蝶、蜻蜓。【见彩图 77】

南壁寄锦图　画面清晰，色泽如新。左上角黄地竖框内有墨书诗词一首"□□征辽岁月深，苏娘憔[悴]□难任；丁宁织寄回[文][锦]，表妾平生缱绻心。"【见

彩图58】画面景色秀丽，人物明艳，表现出浓厚的生活气息。【见彩图55】

画面共七人交错排开。中央位置的贵妇为画中主要人物，梳蝶形双鬟髻，满插金钗，柳眉凤目，樱桃小嘴，脸庞丰盈。穿红花蓝地交领窄袖衣，红色曳地长裙外套蓝腰裙，垂蝶结丝带，肩披淡黄色回纹披帛。双臂微屈，右手前指，左手持披帛。在诸女簇拥下，显得雍容华贵。【见彩图61】

贵妇前侧侍立僮仆、女侍各一，男僮束发戴巾，容貌清秀。穿淡红色交领阔袖长衫，黑色包边，白腰带，白裤，素袜，系带软鞋。身前置挑担，两端分挂包裹、盉盒。面对女主人，躬身拱手，神态恭谨，似在辞行。一侍女在男僮右侧，红衣蓝裙，右手前伸握一卷锦帛，侧身顾盼主人，似要将其交与男僮。【见彩图59】

图19　2号墓石室门外北侧侍吏

女主人身后有四名侍女，皆衣饰华美。前两人手捧笔、砚及包裹，侧身对视相互交谈，后两人各端椅、盒侍立于旁。【见彩图57】众侍女仪容姣美，亭亭玉立，其发型、装束与主人相似，但服装的花纹、色彩各不相同。

背景是刻意描绘的树木。两丛修竹清秀舒展；中间一株芭蕉绿叶肥厚，旁有新芽破土而出；右侧苍柏挺拔，针叶叠簇。由于采用了晕染方法，其设色浓淡有别，层次分明，愈使画面充满生机。

图20　2号墓石室门外北壁女仆图

北壁颂经图　画面局部漫漶，右上角竖框内亦题诗一首："雪衣丹觜陇山禽，每受宫闱指教深；不向人前出凡语，声声皆[是]念经音。"【见彩图68】图中绘有二男五女，中心人物为颂经女子。此图描绘细致，其中诸女发型、服饰，皆与南壁

《寄锦图》不同，形成鲜明对比。【见彩图 67】

全图围绕颂经贵妇展开。贵妇云髻抱面，所梳发髻的正面上下对插两把发梳，佩金钗。弯眉细目，面如满月。红色抹胸，外罩红地毯路纹宽袖袍，蓝色长裙，端坐于高背椅上，面前置红框蓝面条案，上有展开的经卷，案左置高足金托盏，右侧立一只鹦鹉，羽毛洁白，钩喙点红。案、椅下铺团花地毯，红边蓝地。贵妇仪态典雅贤淑，左手持拂尘，右手轻按经卷，俯首吟读，虔诚之态溢于言表。【见彩图 69】

贵妇前侧并立四人，前二人为男吏，头戴黑色展脚幞头，分着红色、深褐色衣袍，表情谦和。后二人为侍女，一人着红袍，一人着浅色袍，均面向女主人拱手恭立。【见彩图 72】

贵妇身旁侍立二女，一持扇，一捧净盆。【见彩图 70、71】上述侍女除持扇者梳双髻外，其余发型均与女主人相同，着服亦为宽袖袍配长裙，但在色彩渲染上突出了女主人衣饰的华贵。

人物周围景致宜人。左下方有一太湖石，一簇鲜花傍石开放。左上植棕榈一株，树干围红色护栏。中间风竹挺拔，右侧垂柳摇曳，安适恬静之情跃然壁上。

顶部花卉图　红色为地，四角绘对称花卉图案，中间为缠枝花组成的大型环状团花，正中花蕊亦为精细的团花纹样。花卉茎干及花蕊贴金，绿叶采用晕染法，富丽而具有层次。【见彩图 79】

四、结语

宝山墓地坐落于阿鲁科尔沁旗西南界，是契丹族繁衍发展的腹地。由此向西南约 30 公里，即耶律阿保机神册三年（918）所建的辽上京。墓地始建年代久远，以茔墙围护，规模壮观。墓葬形制特殊，装饰华美，壁画绚丽精致，因此宝山墓地是继该旗辽皇族耶律羽之墓后，契丹考古的又一重大发现。

（一）大规模围建茔墙的契丹显贵墓地尚为鲜见，其建筑年代应相当于其中最早的墓葬时代。按 1 号墓题记，墓主下葬于天赞二年（923）。2 号墓出有契丹小字石碑，该文字的创制年代晚于契丹大字（神册五年，920），大约在天显元年（926）稍前，由耶律阿保机弟迭剌（926 年于东丹国左相任内病故）主持创制，故该墓晚于 1 号墓。但从两墓形制和壁画特点比较，二者年代相隔不远。又据 1 号墓所在东北侧位置判断，应有更早的墓葬坐落于墓地的主要位置，因此墓地茔墙的始建应早于天赞二年，这是迄今所确认年代最早的契丹显贵家族墓地。

这种始于辽初或更早时期、在墓地外围筑墙护陵的葬制，有别于契丹固有葬俗，类似圈建陵墙的方式，在唐代皇室陵墓中已普遍采用，宋代帝陵仍沿袭此制度。宝山建筑墓地茔墙，是受到唐制的影响。此外。墓地茔墙除南门外，亦设东门，似与契丹人崇东的习俗有关。

（二）以往对早期辽贵族墓的了解甚少，宝山辽墓是目前所知最早的实例，因而极大地丰富了原有认识。这种结构特殊、装饰华丽的墓葬以 1 号墓最为典型。该墓采用砖雕、影作仿木结构，所有建筑构件均饰以彩绘，墓门外以门楼与侧墙组成门庭；墓室内周壁彩柱倚立，阑额环绕，斗栱高挑，宛若回廊；中间石房作为冥寝，其外壁亦影作仿木结构。通过在石房正面两侧过梁下设置木门，将石房外围空间分隔，故在墓室内部的实际利用方面，于石房正面及侧面划分出半封闭的前室和与后回廊贯通的侧室，用以分放不同类别的随葬品。而在整体设计方面则反映出外有门庭，内由前后两室组成，四周绕以回廊，并开设后门的庭院宅第建筑形式。在建筑结构方面，以歇山顶门楼为主体的门庭，较为直观地保留了唐代式样，而过去对类似门楼或门庭建筑，一直认为是在中期辽墓中才开始出现。又如墓室周壁回廊柱头铺作栌斗上出梁头斫作耍头、补间铺作作人字栱、柱间阑额等，与唐永泰公主、西安薛莫墓所见的仿木结构相似。再有石房与墓室之间加设过梁及顶柱颇具创意，是对墓葬内部行之有效的加固措施。此外，辽墓中建石房的例证甚少，这类墓年代偏早，规格高，后逐渐消失。

（三）在残余随葬品中，较为重要的发现是 1 号墓墓主身着丝织物残片上清晰的网络印痕，据其锈迹可知为银丝编制。从局部编缀结构看，网孔呈六边形，排列均匀。网络与面具是用于契丹达官显贵的特殊葬俗，或只覆面具，或网络与面具并用。在质地上分银丝、铜丝网络及金、银、铜面具，这种区分大体与墓主身份有关。目前所见最高等级为陈国公主墓随葬的金面具和银丝网络。[2] 很可能 1 号墓银丝网络与面具是共存的，但在盗扰中面具难于幸免。有关契丹这种葬俗，《辽史拾遗》

---

2 内蒙古自治区文物考古研究所、哲里木盟博物馆：《辽陈国公主墓》，北京：文物出版社，1993 年。
3 《旧五代史》卷一三七《外国列传第一》，北京：中华书局。
4 《契丹国志》卷一四《诸王传东丹王传》，上海：上海古籍出版社，1985 年。

引文惟简《虏廷事实》曰："用金银为面具，锦彩络其手足。耶律德光之死，盖用此法。"耶律德光系辽代第二代皇帝，卒于 947 年。关于网络与面具出现的时间，据以往辽墓发现，曾被认为是辽中期或稍前，而这同 1 号墓的时代相差近百年。因此，这一发现不仅大大提前了契丹权贵丧俗中使用网络的上限年代，也表明该葬俗似可追溯到更早的时期。

（四）题材丰富、绚丽多姿的壁画是此次发掘的主要收获。壁画采用多种绘画技法，集浑厚与细腻、素雅与浓艳、写实与夸张于一体，描绘生动，构图准确，表现出高超的艺术水准，是辽代初期的杰出画作。

在壁画中描绘的契丹族人物占相当比例，特点是笔法简练、追求写实。以传说故事为题材的画面则着重传统风貌，工笔细腻，色彩浓艳，极具观赏性。另外，壁画中对各种人物的描绘均有鲜明的时代特征。如 2 号墓《颂经图》中盛装女子，容貌丰润，发型讲究，着宽大衣袍，犹如唐代仕女画翻版，而男吏所戴的展脚幞头则为五代式样。同墓中的《寄锦图》及 1 号墓《降真图》中的女子，其面容与发髻亦为唐式风格，但在长裙外加套腰裙却属五代特有款式。此外，画中案、椅等日用器具也更多地含有五代特点。

两墓壁画所体现的丰富内容，充分展示出辽初绘画艺术所取得的瞩目成就，它们既保留了浓厚的唐代风格，又反映出五代的新变化，由此形成不拘形式，博雅别致的画面。这些壁画所表现出的高超技艺与五代时期中原等地绘画水平的发展相一致，对探讨晚唐以后中国绘画艺术的发展弥足珍贵。

（五）根据 1 号墓题记，墓主人名勤德，年仅十四岁，系"大少君"次子。该墓位置居墓地边缘，应属家族成员中的晚辈。2 号墓位置接近墓地中心，墓主为成年女性，其下葬时间略晚于 1 号墓，有可能是"大少君"夫人之一。如前所述，早在契丹建国初始便已存在的这种茔区墓地，其中仅以少年勤德墓之豪华，并使用高规格的银丝网络，即表明墓地主人身份的显赫。当时正值契丹开国皇帝耶律阿保机在位，因此这处墓地的归属便更为引人注目。"大少君"之称未见于史籍，类似称谓见《旧五代史》："阿保机凡三子，皆雄伟。长曰人皇王突欲，即东丹王也；次曰元帅太子，即德光也；幼曰安端少君。"[3] 又《契丹国志》载"太祖崩于渤海，述律后使少子安端少君守东丹"[4]。上述记载皆言安端为"少君"，那么"少君"似应是对辽帝嫡子的特殊称谓。"少君"之前冠以大，应指"少君"排序之首，愈显尊贵，不言姓氏名称似表明当时国人尽知。按其次子勤德年龄推算，其时"大少君"

若在世当在壮年。以下笔者对墓地归属做初步探讨。

1.上文引据史载安端少君被认为是阿保机少子，有误。按《辽史》，安端系阿保机末弟。天赞二年，阿保机五十四岁，诸弟中除大弟剌葛于神册二年（917）南奔被杀外，余皆在世。以"大少君"推估年龄当与阿保机相差不多。因此按其称谓、年龄及墓地规格看，宝山不排除是阿保机嫡亲墓地，甚至先茔的可能。

2.阿保机称帝前，契丹为部落联盟统治，首领称可汗，亦被视为契丹王，其权力几经更迭，由最初的大贺氏到遥辇氏，最后为迭剌氏取代，迄今我们对契丹早期这二百余年历史知之甚少。按宝山墓地的大体年代上限，很可能早到阿保机称汗至建国前这段时间（907—916），此前有钦德（亦称痕德堇）为遥辇氏最后一位可汗。有关其卒年说法不一，《辽史·太祖纪》载"唐天复元年（901），岁辛酉，痕德堇可汗殂"[5]。而《五代会要》卷二十八、《册府元龟》卷九七一皆载梁开平间阿保机率其妻及前王钦德贡献纪事，说明钦德在阿保机自立称汗后尚在。以钦德可汗之身份，其后裔使用此种等级规模的葬制是有可能的。若此，其嫡长子被尊称为"大少君"也应顺理成章。

发掘工作由领队齐晓光主持，参加人员有盖志勇、丛艳双、熬力布、周兴起、白音、周明。墓葬发掘期间得到赤峰市及阿鲁科尔沁旗有关领导和工作人员的支持和协助，在此一并致谢。

执笔：齐晓光　盖志勇　丛艳双
绘图：田　丽
摄影：梁京明　齐晓光

（本文原刊于《文物》1998 年第 1 期。此次收录时，该项发掘的主持者齐晓光先生对原报告中的个别文字错误和文中使用的图片做了适当的改正与调整。谨此说明。）

5　《辽史》卷一《太祖本纪上》，北京：中华书局。

内蒙古赤峰宝山辽墓壁画《颂经图》略考

吴玉贵

　　《文物》杂志在不久前发表了内蒙古赤峰市阿鲁科尔沁旗宝山辽代早期贵族壁画墓的发掘报告，[1]大大丰富了对辽早期历史、文化的认识，其中2号墓石房内南、北壁的两组壁画，尤其引人注目。2号墓墓主为一成年女性，据发掘者推测，可能为1号墓墓主"大少君次子勤德"的长辈，即"大少君妇人之一"，下葬时间略晚于1号墓墓主，约在辽太祖天赞二年（923）之后不久。墓地经多次盗掘，随葬品所余无几，但墓室与墓内石房的大量壁画保存得相当好。石房紧贴墓室后壁起建，内进深2.7米、宽2.45米、高1.96米，东壁中部为两扇对开石门，四壁及顶磨光，内壁、外壁及顶部均绘有壁画。在内壁四面墙壁中，东壁石门两侧为仆佣图像，西壁为牡丹图，南北两壁为"以传说故事为题材的画面"。整理者将南壁壁画定名为《寄锦图》，北壁定名为《颂经图》。我们以为，北壁壁画反映的内容是杨贵妃与她的宠禽"雪衣娘"的故事，称作《杨贵妃教鹦鹉图》似更确切。

　　据报告及图版，南壁绘画以太湖石、修竹、棕榈、鲜花等竹石花木为背景，烘托出静谧安恬的氛围，整幅图画以一"贵妇"为中心展开，贵妇前侧并立四人，二人为"男吏"，头戴黑色展脚幞头，表情谦和；二人为侍女，一着红袍，一着浅色袍，向贵妇拱手恭立。贵妇身后侍立二女，一持扇，一捧净盆，神情也甚恭谨。【见彩图67】不仅画面布局以贵妇为中心，在衣饰着色上，众仆侍衣饰颜色深谙，而贵妇服装色彩则鲜亮明艳，用意也在着意渲染女主人的中心地位。报告描述说："贵妇云鬟抱面，所梳发髻的正面上下对插两把发梳，佩金钗。弯眉细目，面如满月。红色抹胸，外罩红地毯路纹宽袖袍，蓝色长裙，端坐于高背椅上，面前置红框蓝面条案，上有展开的经卷，案左置高足金托盏，右侧立一鹦鹉，羽毛洁白，钩喙点红。案、椅下铺团花地毯，红边蓝地。贵妇仪态典雅贤淑，左手持拂尘，右手轻按经卷，俯首吟读，虔诚之态溢于言表。"发觉整理者可能是根据画面内容将壁画定名为《颂经图》。

1　内蒙古文物考古研究所、阿鲁科尔沁旗文物管理所：《内蒙古赤峰宝山辽壁画墓发掘简报》，《文物》1998年第1期。

从画面布局看，立于经卷右侧，昂首注视贵妇的白鹦鹉，在整个画面中也占据了特别突出的位置，应该与壁画反映的内容有重要关系，不应作为寻常宠禽看待。画面右上角的榜题诗，给我们理解这组壁画反映的内容提供了重要线索。

题诗为墨书，位于壁画右上角竖框内，云："雪衣丹觜陇山禽，每受宫闱指教深。不向人前出凡语，声声皆 [是] 念经音。"此诗文义显浅，但首句需略加解释。

陇山禽，是指出产于陇山的鹦鹉。祢衡《鹦鹉赋》称鹦鹉为"西域之灵鸟"，李善注云："西域，谓陇坻出此鸟也。"[2]陇坻即陇山。又杜甫诗"陇俗轻鹦鹉"，注云："《鹦鹉赋》：命虞人于陇坻，闭以雕笼，剪其羽翅。"[3] 李白也在吟诵鹦鹉的诗中称："落羽辞金殿，孤鸣托绣衣。能言终见弃，还向陇山飞。"[4] 借鹦鹉表述作者的胸臆。皮日休在《哀陇民》诗中，特意刻画了陇山民捕捉鹦鹉充当贡物的艰辛与危险，"陇山千万仞，鹦鹉巢其巅。穷危又极险，其山犹不全。蚩蚩陇之民，悬度如登天。空中觇其巢，堕者争纷然。百禽不得一，十人九死焉。陇山有戍卒，戍卒亦不闲。将命提雕笼，直到金台前……"[5] 可知在唐代诗文中，总是将鹦鹉与其产地陇山联系在一起描写，而且陇山鹦鹉在唐代还保留着"陇客"的俗称。[6]就字面言，榜题诗首句的"雪衣丹觜"是指画面中鹦鹉的毛羽及喙的颜色，而"陇山禽"则是鹦鹉的代称。

明白了"陇山禽"的含义，榜题诗的内容就很容易理解了。其大意是说，豢养在宫闱中的鹦鹉，在人们的调教下，不仅能学说普通的语言，而且学会了颂读经文。从题诗的内容分析，壁画所要反映的颂经的主角并不是"俯首吟读"的"贵妇"，而是立于经侧的鹦鹉。唐代流传的雪衣娘的故事，可以为这组壁画反映的内容提供明确的答案。据9世纪唐人郑处诲[7]撰写的《明皇杂录》载：

> 开元中，岭南献白鹦鹉，养之宫中。岁久，颇聪慧，洞晓言词。上及贵妃皆呼为雪衣女 [娘]。性既驯扰，常纵其饮啄飞鸣，然亦不离屏帏间。上令以近

2 《文选》卷一三祢衡《鹦鹉赋》。
3 《秦州见敕目薛三璩授司仪郎毕四曜除监察与二子有故远喜迁官兼述索居凡三十例》，《九家集注杜诗》卷二〇。注文所引《鹦鹉赋》即指祢衡《鹦鹉赋》。
4 瞿蜕园、朱金波校注：《李白集校注》，《初出金门寻王侍御不遇咏壁上鹦鹉》，卷二四，上海：上海古籍出版社，1980年，第1421页。"陇山"或作"陇西"，参见"校勘记"。
5 萧涤非点校：《皮子文薮》卷一〇，北京：中华书局，1959年，第119页。
6 参见吴玉贵译，[美] 谢弗著：《唐代的外来文明》，中国社会科学出版社，1995年，第224页。
7 参见《旧唐书》卷一五八、《新唐书》卷一六四《郑余庆传》子处海附。

代词臣诗篇授之，数遍可以讽诵。上每与贵妃［嫔御？］及诸王博戏，上稍不胜，左右呼雪衣娘，必飞入局中鼓舞，以乱其行列，或啄嫔御及诸王手，使不能争道。忽一日，飞上贵妃镜台，语曰："雪衣娘昨夜梦为鸷鸟所搏，将尽于此乎？"上使贵妃授以《多心经》，记诵颇精熟，日夜不息，若惧祸乱，有所禳者。上与贵妃出于别殿，贵妃置雪衣娘于步辇竿上，与之同去。既至，上命从官校猎于殿下，鹦鹉方戏于殿上，忽有鹰搏之而毙。上与贵妃叹息久之，遂命瘗于苑中，为立冢，呼为鹦鹉冢。[8]

此故事初见于《明皇杂录》，后又被《白孔六帖》《太平御览》《太平广记》及《说郛》等文献反复征引，流布甚广。[9]证以本节记载可知，北壁壁画反映的是白鹦鹉"雪衣娘"颂经的传说，墨书榜题诗中的"雪衣"即指杨贵妃豢养的珍禽"雪衣娘"。所谓的颂经"贵妇"，其实就是杨贵妃，而"男吏"也应是宫廷侍臣。鹦鹉在唐代是富商或达宦家中都可饲养的宠禽，并不属宫廷独有，而题诗中却说"每向宫闱指教深"，等于明白指出，画中的鹦鹉是特指被豢养于深宫内禁中的"雪衣（娘）"。正因为画面表现的是杨贵妃在教雪衣娘颂读《多心经》[10]的场景，所以白鹦鹉与杨贵妃一起，在画面布局中占据了突出的地位。

尤其值得注意的是，雪衣娘的故事不仅以传说的形式广泛流传，而且是唐代画师作画的重要题材。玄宗朝画师张萱喜画妇女婴儿素材，[11]他曾创作过一幅《写太真教鹦鹉图》，[12]反映的内容就是《明皇杂录》所记杨贵妃调教白鹦鹉颂经的故事。[13]张萱是唐玄宗开元年间的宫廷画师，大致与杨贵妃同时，可知雪衣娘的故事在绘画中出现，至少不在唐代笔记或传奇之后。略晚于张萱的唐代著名画家周昉，

8　田廷柱点校本，北京：中华书局，1994年，第58页。"必飞入局中鼓舞"下注云："上六字《六帖》作'即飞至将翼'。"今按：雪衣女，《白孔六帖》卷九六四（文渊阁本，第892册，528页）"鹦鹉"下"雪衣娘条""女"作"娘"，据下文，当以"娘"字为是。又"上每与贵妃及诸王博戏"之"贵妃"，据下文"或啄嫔御及诸王手"，亦当从《六帖》作"嫔御"。据点校者称："'开元'原作'天宝'，据《事文类聚》后集卷四六改。"查《六帖》及涵芬楼《说郛》卷三二引《明皇杂录》及《太平广记》卷四六〇（中华书局，1961年）第3770页均作"天宝"；《太平御览》卷九二四（中华书局，1960年）第4103页亦作开元。今按：玄宗开元时，画师张萱已将这个故事搬上了画面（见下文），此从点校本。

9　见注8引各书。又《太平广记》称出自《谭宾录》。

10　又称《心经》，即《般若波罗蜜多心经》的简称。

11　《历代名画记》卷九。

12　《宣和画谱》卷五。

13　太真即杨贵妃的别称。《旧唐书》卷五一《后妃传》杨贵妃："妃衣道士服，号曰'太真'。"

也以此为素材，创作了《妃子教鹦鹉图》，此外，周昉还创作了《白鹦鹉践双陆图》，表现了上引《明皇杂录》描述的雪衣娘鼓翼乱局的情景。[14]史称周昉"初效张萱画，后则小异，颇极风姿，全法衣冠，不近闾里"[15]。则《妃子教鹦鹉图》或许就是效法张萱《写太真教鹦鹉图》而作亦未可知。以上两幅由唐代画师创作的贵妃教鹦鹉颂经图，一直流传到北宋，可见唐代以此为素材的图画当为数不少，在辽壁画中出现同样的题材，应该说是属于事理之常。

报告中指出壁画中"诸女发型、服装，皆与南壁《寄锦图》不同，形成鲜明对比"。"《颂经图》中盛装女子，容貌丰润，发型讲究，着宽大衣袍，犹如唐代仕女画翻版，而男吏所戴的展脚幞头则为五代式样。"至于辽代壁画中为何保留了如此浓烈的唐风，则未予深究。如所周知，周昉以擅长人物画知名当世。朱景玄《唐朝名画录》谓其"画佛像、真仙、人物、士女，皆神品也"，尤以"画士女为古今冠绝"。张彦远称北齐曹仲达，南朝梁张僧繇、唐吴道玄、周昉成就突出，各成一家，"至今刻画之家，列其模范，曰曹，曰张、曰吴、曰周，斯万古不易矣。"[16]周昉及其绘画作为"四家样"之一的"周家样"，甚至对敦煌绘画产生了重要的影响。据研究，敦煌发现的《水月观音图》集中体现了"妙创水月之体"的周家样对敦煌绘画的影响。[17]"水月体"的重要特点之一，是以竹或棕榈为背景，而修竹、棕榈在本文讨论的壁画中同样也是最重要的背景物。通过以上诸点，有理由假定周昉《贵妃教鹦鹉图》可能就是此类绘画的粉本。如果真是这样，则壁画中仕女"如唐代仕女画翻版"，也就不足为怪了。

通过以上讨论，我们认为，内蒙古赤峰宝山2号墓石房北壁的《颂经图》，以定名为《杨贵妃教鹦鹉图》为宜，而其粉本很可能就是周昉的《贵妃教鹦鹉图》。

（本文原刊于《文物》1999年第2期）

---

14 《宣和画谱》卷六。

15 《历代名画记》卷一〇。

16 《历代名画记》卷五。

17 姜伯勤：《论敦煌的"画师"、"绘画手"和"丹青上士"》，载《敦煌艺术宗教与礼乐文明》，北京：中国社会科学出版社，1996年，第32-34页。

内蒙古赤峰宝山辽墓壁画《寄锦图》考

吴玉贵

　　刊载于《文物》1998 年第 1 期的《内蒙古赤峰宝山辽壁画墓发掘简报》，着重介绍了 2 号墓石房内南北壁带有榜题的两幅壁画，分别定名为《颂经图》与《寄锦图》，并正确指出这两幅壁画是"以传说故事为题材"的绘画，但对传说故事的内容则未及详究。[1]笔者曾对石房北壁《颂经图》的有关内容进行了探讨，认为这幅壁画的粉本，应该就是唐代流行的《杨贵妃教鹦鹉图》。[2]承《文物》编辑部邀约，这里再对石房南壁《寄锦图》进行一些粗浅的讨论，请有关专家和读者指正。

　　据发掘简报（下称简报）描述，南壁壁画"画面清晰，色泽如新"。画面中央位置为一雍容华贵的妇人，梳蝶形双鬟髻，满插金钗，柳眉凤目，樱桃小嘴，脸庞丰盈。穿红花蓝地交领窄袖衣，红色曳地长裙外套蓝腰裙，垂蝶结丝带，肩披淡黄色回文披帛。双臂微屈，右手前指，左手持披帛。在贵妇前侧有男僮、女侍各一。男僮身前置挑担。两端分挂包裹、盝盒。面对贵妇，躬身拱手，神态恭谨，似在辞行。【见彩图 55】一侍女在男僮右侧，红衣蓝裙，右手前伸，握一卷锦帛，侧身顾盼主人，似要将其交与男僮。【见彩图 59】贵妇身后另有四名侍女，前两人手持笔、砚及包裹，侧身对视，相互交谈，后两人各端椅、捧盒侍立于旁。【见彩图 57】侍女发型、装束与贵妇相似，但服装的花纹、色彩各不相同。画面内容大致如上。

　　与北壁的《杨贵妃教鹦鹉图》一样，南壁的榜题诗也是了解壁画内容的关键。据简报称，壁画："左上角黄地竖框内有墨书诗词一首'□□征辽岁月深，苏娘憔[悴]□难任，丁宁织寄回[文][锦]，表妾平生缱绻心。'"虽然略有阙文，但全诗文意比较清楚，即苏娘夫婿远行征辽，年深不归，苏娘思念不已，精心织成回文锦，寄于远方的征人，表达眷恋之情。简报应该是根据文意将壁画定名为《寄锦图》。

　　榜题诗提供了探究壁画内容的两条重要线索，一是苏娘其人，一是织寄回文锦

1　内蒙古文物考古研究所、阿鲁科尔沁旗文物管理所：《内蒙古赤峰宝山辽壁画墓发掘简报》，《文物》1998 年第 1 期。

2　吴玉贵：《内蒙古赤峰宝山辽墓壁画〈颂经图〉略考》，《文物》1999 年第 2 期。

其事。

在晋唐时代的诗文及口语中，多以"娘"为妇女的通称。晋人王凝之妻谢道韫才情出众，[3] 在当时和后世，人们都将她称作"谢娘"。唐诗人韩翃诗称："二十青宫吏，成名似者稀。承颜陆郎去，携手谢娘归。"[4] 李贺诗"春迟王子态，莺啭谢娘慵"[5]，都是以"谢娘"指谢道韫。又，梁元帝妃徐昭佩与暨季江私通，季江称徐昭佩"徐娘虽老犹尚多情"，也以"徐娘"代指徐昭佩。[6] 更具典型意义的是，梁临川郡王萧宏性情畏懦，而姿容端美，北人将他讥称为"萧娘"[7]。而此类例证甚多，不赘举。[8] 可知榜题诗中的"苏娘"是指某苏姓的女子，而不是画面的主人公名为苏娘。

所谓回文，是古代诗词的一种体裁，回旋往复，都可诵读成文。据说这种文体是道原所创。[9] 顾名思义，回文锦就是带有回文图案的织锦。晋唐时期著名的苏若兰的故事，恰好与榜题诗提供的两条线索契合。据唐初修撰的《晋书》记载："窦滔妻苏氏，始平人也，名蕙，字若兰。善属文。滔，苻坚时为秦州刺史，被徙流沙，苏氏思之，织锦为回文旋图诗以赠滔。宛转循环以读之，词甚凄婉，凡八百四十字，文多不录。"[10] 一望可知，二者反映的应是同一传统故事题材，苏娘就是苏若兰。唯一不同的是，榜题诗称苏娘夫婿"征辽"远行，而在《晋书》中窦滔是"被徙流沙"。这是我们应该着重加以解释的问题。

苏若兰织寄回文锦的传说，在晋唐时代曾广为流传。东晋王隐撰著的《晋书》中，就已出现了这个故事，称："窦滔妻苏氏，善属文，符［苻］坚时，滔为秦州刺史，被徙流沙，苏氏思之，织锦为回文旋图诗以寄滔，循环宛转以读之，词甚凄切。"[11] 主要情节与上文所引唐朝官修《晋书》大体相同，但细节较疏略。

唐人李善（630—689）在注释江淹《别赋》时，也曾引用《织锦回文诗序》称：

3 《晋书》卷九六《列女传》。
4 《送李舍人携家归江东覲省》，《全唐诗》卷二四四。
5 《恼公》，《李贺诗歌集注》卷二（王琦等注，上海：上海古籍出版社，1978 年）。曾益称"王子谓凝之，谢娘谓道韫。"王琦则认为以"王子"为王氏子弟，"谢娘指谢安所携之妓"，更近原义。就本文"娘"字释义言，二说并无矛盾。
6 《南史》卷一二《后妃传》下。今语"徐娘半老，风韵犹存"即本此。
7 《南史》卷五一《梁宗室传》上。
8 参见陶宗仪《辍耕录》卷一二"妇女曰娘"。
9 《文心雕龙注》卷二《明诗》（范文澜注，人民文学出版社，1978 年）。
10 《晋书》卷九六《列女传》。
11 《太平御览》卷八一五《布帛部·锦》引王隐《晋书》。参见《晋书》卷八二《王隐传》。

"窦韬（滔）秦州被徙沙漠，其妻苏氏，秦州临去别苏，誓不更娶，至沙漠，便娶妇，苏氏织锦，端中作此回文诗以赠之。符［苻］国时人也。"[12]《织锦回文诗序》作者不详，与上引两种《晋书》的记载相比，《诗序》中演绎出了窦滔临别发誓不娶，旋又背誓娶新妇的情节。

唐如意元年（692），武则天也亲自撰写过一篇《织锦回文记》，是目前所见最详备的版本。[13]除详细记载苏若兰与窦滔的家世之外，武则天记述的故事情节更加曲折完整，人物形象也更加生动丰满，特别是增加了许多细节描写。尤可注意的一点是，在武则天笔下，苏若兰织寄回文锦与窦滔谪戍流沙并无关联。据称，苏若兰仪容妙丽，知识精明，十六岁嫁与窦滔。窦滔通经史，能文武，迁秦州刺史，因忤旨谪戍敦煌。在苻坚攻克襄阳后，拜滔为安南将军，镇守襄阳。苏若兰"性近于急，颇伤嫉妒"，窦滔在别宅置宠姬赵阳台，妙善歌舞。苏若兰得知后，对赵阳台痛加捶辱，引起窦滔不满，而阳台又"专形苏氏之短，谄毁交至"，使窦滔与苏若兰的关系更为紧张。窦滔前往襄阳赴任时，曾邀苏若兰同往，"苏氏忿之，不与偕行。滔遂携阳台之任，断其音问。苏氏悔恨自伤，因织锦回文"。窦滔见回文锦后，"感其妙绝"，于是将赵阳台遣返关中，以车骑礼迎若兰，两人和好如初。从流传过程来看，这个故事始终没有定型，而且时代愈晚，附益的细节越多，情节越复杂，不仅增添了赵阳台这个人物，寄回文锦的地点也由流沙移到了襄阳。

武则天在文中特别指出："苏氏著文词五千余言，属隋季丧乱，文字散落，追求不获，而锦字回文，盛见传写，是近代闺怨之宗。"也就是说，苏若兰的故事广为流传，已经成为"闺怨"的表征。上引江淹《别赋》"织锦曲分泣已尽，回文诗兮影独伤"，就是用这个典故来描写闺怨别情。[14]梁元帝《荡妇秋思赋》："妾怨回文之锦，君思出塞之歌，相思相望，路远如何？"他在《寒闺诗》中也有"愿织回文锦，因君寄武威"的描写。[15]入唐以后，类似的描写更为常见。诗人窦巩《从军别家》："自笑儒生著战袍，书斋壁上挂弓刀。如今便是征人妇，好织回文寄窦

12　《文选》卷一六《别赋》。
13　高宗武皇后：《织锦回文记》，《全唐文》卷九七。又，丁福保编纂：《全汉三国晋南北朝诗》之《全晋诗》卷七及逯钦立辑校：《先秦汉魏晋南北朝诗》之《晋诗》卷一五也都收录此文，各本字句略有差异，可参看。
14　《白孔六帖》卷一七"别·泣尽影伤"下引刘良注《别赋》称："织锦为回文诗，使成章句，以寄于夫。罹别离，故泣尽影伤。"
15　以上两条见《艺文类聚》卷三二"人部·闺情"。

滔。"[16] 施肩吾《望夫词》："手熟寒灯向影频，回文机上暗生尘。自家夫婿无消息，却恨桥头卖卜人。"[17] 李频《古意》："白马游何处，青楼日正长。凤箫抛旧曲，鸾镜懒新妆。玄鸟深巢静，飞花入户香。虽非窦滔妇，锦字已成章。"[18] 都是以苏若兰寄织寄回文锦的典故来表现闺怨的佳制。元稹《春别》："幽芳本未阑，君去蕙花残。河汉秋期远，关山世路难。云屏留粉絮，风幌引香兰。肠断回文锦，春深独自看。"[19] 更是巧妙地以"蕙花残"暗喻苏惠"肠断回文锦"的凄苦境状。其他如李白"织锦作短书，肠随回文结。相思欲有寄，恐君不见察"[20]，李绅"东家少妇机中语，剪断回文泣机杼"[21]，徐夤"飞书一幅锦文回，恨写深情寄雁来，"[22] 也都是运用这个典故表述闺怨的显例。

与苏若兰织寄回文锦的故事一样，"征辽"也是唐代描写闺怨的重要意象。众所周知，隋唐时代屡次征发民力，在东北地区大规模用兵，战争给广大民众带来了深重的灾难，而"征辽"也就成为了闺怨别情的象征。于濆《辽阳行》："辽阳在何处，妾欲随君去。义合齐死生，本不夸机杼。谁能守空闺，虚问辽阳路。"[23] 沈佺期："妾家临渭北，春梦著辽西。何苦朝鲜郡，年年事鼓鼙。"[24] 郑遂初："荡子戍辽东，连年信不通。"[25] 权德舆《秋闺月》："此夜不堪肠断绝，愿随流影到辽东。"[26] 令狐楚《闺人赠远》："朦胧残梦里，犹自在辽西。"[27] 白居易《闺妇》："辽阳春尽无消息，夜合花前日又西。"[28] 在这些诗文中，"征辽"只是表述闺怨别情的象征之物，与真正参加征辽与否，并无直接关系。最有趣味的是，诗人崔道融在《春闺》诗中曾有"佳人持锦字，无雁寄辽西"[29] 的描写，在这首诗中，也是将苏若兰织寄回文锦的故事与征辽放在一起来描写闺怨。可见榜题诗记叙的这种类型并非是

16 《全唐诗》卷二七一。
17 《全唐诗》卷四九四。
18 《全唐诗》卷五八八。
19 《春别》，《全唐诗》卷四二二。
20 《代赠远》，瞿蜕园、朱金城：《李白集校注》卷二五"古近体诗"，上海：上海古籍出版社，1980 年。
21 《忆西湖双鸂鶒》，《全唐诗》卷四八一。
22 《回文诗》二首，《全唐诗》卷七〇八。
23 《全唐诗》卷五九九。
24 《杂诗》三首，《全唐诗》卷九六。
25 《别离怨》，《全唐诗》卷一〇〇。
26 《全唐诗》卷三二八。
27 《全唐诗》卷三三四。
28 朱金城笺校：《白居易集笺校》卷一九"律诗"上海：上海古籍出版社，1988 年。
29 《全唐诗》卷七一四。

孤例。

由以上论述可知，苏若兰织寄回文锦的故事在不同的时代曾形成过不同的版本，而且在长期的流传过程中，织寄回文锦与征辽在文学作品中都已成为闺怨的象征。与上述不同记载中窦滔或"谪戍流沙"、或"镇守襄阳"一样，榜题诗中的"征辽"，也只是因为时代的差异，在民间"传写"过程中形成的一种不同类型的传说，并不意味着另有一位将回文锦寄往征辽战场的苏娘。

武则天在文中称回文锦"五彩相宣，莹心耀目。其锦纵横八寸，题诗二百余首，计八百余言，纵横反覆，皆成章句。其文点画无缺，才情之妙，超今迈古，名曰璇玑图"。并称自己是散帙之中"偶见斯图"，则回文锦最初就是以图画的形式在民间流传的。回文锦又称"璇玑图"，原图八百四十字，分别用粉红、绿、白、青、黄五种色彩加以区别，根据不同的颜色，循一定规律诵读，就会组成不同的词章。从上引有关记载分析，所谓"璇玑图"应该只是文字图案，并没有出现故事内容。

苏若兰织寄回文锦的故事入画，大概始于唐代。据《宣和画谱》著录，北宋宫廷收藏有唐画家张萱《织锦回文图三》、周昉《织锦回文图一》。[30] 甚至北宋著名画家李公麟也曾画过一幅《织锦回文图》，并被宫廷收藏。[31] 但是对图画的具体内容一无所知。宋哲宗元祐三年（1088），有人曾在"屯田陈侯"家中见到反映这一故事题材的六幅"唐真本图"，李公麟比较详细地记述了这组图画的内容：

> 右三为若兰所居重楼复屋，户牖间各作著思、练丝织锦、遣使处。左三为窦滔归第：外为车马相迎；次女妓坐大氍毹，合乐其间；楼阁对饮处。图中近上作远水红桥，窦临高列骑，拥旌旄以望之，桥之西毡车从数骑排引见，滔盛礼迎苏。图中近下左书武后序，右为诗图。[32]

根据这段珍贵的记载可知，唐人反映这一题材的图画实际有两组，一组为《织锦回文图》，一组为《窦滔归第图》。《织锦回文图》由著思、织锦、遣使三幅画面组成；《窦滔归第》则由相迎、合乐、对饮等三幅画面构成。武则天的序文和诗图（即

30　《宣和画谱》卷五、卷六。
31　关于李公麟，请参见《宋史》卷四四四《文苑传》、《宣和画谱》卷七、《画继》卷三。
32　《全汉三国晋南北朝诗》，《全晋诗》卷七；《先秦汉魏晋南北朝诗》，《晋诗》卷一五。本文标点断句与逯钦立先生略有不同。请参看。

璇玑图）则附着于画面下部的左右方。《宣和画谱》称张萱"织锦回文图三"，很可能就是指织锦回文图是由三幅图构成的组画。从上文介绍的壁画内容来看，报告所称《寄锦图》，应该反映了织锦回文图组画"遣使图"中的内容。

正如简报中指出的，这幅壁画保留了许多唐人绘画的风格，甚至图中女子的"面容与发髻亦为唐式风格"。与同墓中的契丹人物图像的绘画风格形成了非常强烈的对比。简报在结语中称："题材丰富、绚丽多姿的壁画是此次发掘的主要收获。壁画采用多种绘画技法，集浑厚与细腻、素雅与浓艳、写实与夸张于一体，描绘生动，构图准确，表现出高超的艺术水准，是辽代初期的杰出画作。在壁画中描绘的契丹族人物占相当比例，特点是笔法简练、追求写实。以传说故事为题材的画面则着重传统风貌，工笔细腻，色彩浓艳，极具观赏性。"同一墓室内不同画面绘画风格的这种差异，与绘画的题材似乎并无必然的联系；同样也很难将如此强烈的差异单纯归结为绘画技法的不同。如上所述，这幅《织锦回文图》与北壁的《杨贵妃教鹦鹉图》都属于唐朝流行的传统绘画题材，而且有关作品一直传到了宋代。新发现的两组壁画不仅在人物形象、装束及表现手法等方面保留了浓郁的唐朝风格，甚至绘画背景也都体现了"妙创水月之体"的周家样的重要特点，以修竹、棕榈为主要背景物。[33] 有理由认为，《织锦回文图》与《杨贵妃教鹦鹉图》一样，也是以唐人传统绘画题材为粉本临摹的作品，[34] 而这也正是两幅壁画迥异于同一墓室内的契丹人物画的主要原因所在。

最后需要附带说明的一点是，简报称 2 号墓墓主为一成年女性。石房中的两幅"传统故事"题材壁画都选择女性题材，显然是与墓主的性别有关。

（本文原刊于《文物》2001 年第 3 期，本次收录，作者委托李清泉先生对开头部分与《内蒙古赤峰宝山辽墓壁画〈颂经图〉略考》重复的内容作了删节处理。）

33　松本荣一认为《水月观音图》及其特点与周昉创制的"水月之体"有密切关系，并总结了《水月观音图》的六个特点，其中之一是"菩萨背后描画了竹或棕榈"。见姜伯勤：《论敦煌的"画师"、"绘画手"与"丹青上士"》七《敦煌画与"妙创水月之体"的周家样》，《敦煌艺术宗教与礼乐文明》，北京：中国社会科学出版社，1996 年。

34　上文提到李公麟也曾画过《织锦回文图》。《宣和画谱》卷七"本传"称，李公麟学画师法前人作品，"凡古今名画，得之则必摹临，蓄其副本，故其家多得名画，无所不有。"则李公麟《织锦回文图》有可能也是临摹之作。

织锦回文：
宝山辽墓壁画与唐画的对读

罗世平

一、前言

宋徽宗宣和二年（1120），朝廷组织人力系统整理内府的绘画收藏，编成《宣和画谱》一书。见录于画谱中的唐宋诸家作品，有同题为《织锦回文图》的作品五件，归于唐代画家张萱名下的有三件，周昉名下的一件，本朝画家李公麟名下的一件。另有录在郭忠恕名下的《织锦璇玑图》一件，也是题材相同、画名略有区别的作品。以"织锦回文"标名的画，在张萱、周昉以前的画史中未见画家画过，可见是在唐代新入画的题材。后代的画史著录此画，线索均出自《宣和画谱》，关于画面的内容和结构没有更多的文字记载，原画的面貌不清。值得庆幸的是，1996年内蒙古赤峰市宝山发现了绘于2号辽墓石房内的壁画，考古报告根据画上的墨书题诗"丁宁织寄回文锦，表妾平生缱绻心"句，拟题为《寄锦图》。现经学者考证，指出该壁画是画苻秦时才女苏若兰以回文诗远寄戍边丈夫的闺怨故事，并将壁画图本的线索引向唐代创绘的《织锦回文图》，[1] 这一意见为我们进一步读解唐画《织锦回文图》开启了思路。

二、宝山2号辽墓壁画的风格

宝山辽墓建造于天赞二年（923），属于早期契丹贵族的墓地，所清理的1、2号墓内绘有精美的壁画。2号墓为平面近方形的叠涩圆顶石砌墓，贴墓室后部用石板起建石房，壁画分布于墓室与石房的内外壁面上。墓室顶部彩绘影作阑额，在封顶石上还绘出大的团花图案。墓室壁面上原绘有人马等生活题材，现仅见壁画残片。石房内外的壁画保存较完好，石房门壁（东壁）内外绘男女侍从仆佣立像；石房内西、

1　吴玉贵：《内蒙古赤峰宝山辽墓壁画〈寄锦图〉考》，《文物》2001年第3期。

南、北三壁均为通壁大画。西壁《牡丹黄鹂图》，部分画面有残损。南北二壁绘仕女人物故事，画上各有墨书的题画诗，根据题诗，简报将北壁的画称为《颂经图》，南壁的画称作《寄锦图》。[2]

绘于石房的壁画，我们可以看到明显不同的两种风格。门壁内外的侍从仆佣画像，采用的是辽墓中常见的单人立姿的样式，形象取法于现实人物，发型服装皆以真实生活为依据，用色单纯，画法略显板刻，是较典型的契丹人物画风格。石房内西壁的《牡丹黄鹂图》和南北两壁的《寄锦图》和《颂经图》构图简洁，主题鲜明；画法工细，设色富丽；仕女人物体态优雅，服饰华美，画法和风格具有浓厚的唐代气息，甚至可以看作是唐人画本的直接临写。

绘于同一石房的壁画，用了两种不同的画风，这种做法可能提供了至少是以下两方面的暗示。其一，石房作为墓主人的居室，画在门壁的男女仆人与石床上的死者构成了明确的主仆关系。石房成了一个虚拟的现实空间，再现的是死者生前的寝居生活。其二，石房的其余三壁与石房连成一体，构成了一件三面由屏风围起的石床，三幅唐代风格的绘画正是画在石床的三面屏风上。也就是说，三幅唐代风格的壁画是作为三扇式的围床屏风画来绘制的，屏风和石床合而成为墓主人的寝具。作为安放死者的寝具，带屏风的石床在南北朝时已很流行，通常称作"灵床"或"灵台"。[3]这同一石房内两种风格的绘画，暗示了石房的两种空间关系和各自的功能。

在明确了宝山辽墓2号石房壁画的空间分布关系之后，下面我们重点讨论作为灵床屏风画之一的《寄锦图》。【见彩图55】按吴玉贵先生的提示和《宣和画谱》的线索，壁画《寄锦图》与唐代画家张萱、周昉的《织锦回文图》属于同一题材，因此弄清楚这一壁画与张萱、周昉作品之间的实际联系就显得十分必要。尽管张萱、周昉的作品只见画目，不见原画流传，但仍可通过壁画与传世的张萱、周昉画进行比较，从而得出较为正确的认识。首先看画面的结构。在传为张萱的《捣练图》（美国波士顿艺术博物馆藏）、《虢国夫人游春图》（辽宁省博物馆藏），周昉的《挥扇仕女图》（故宫博物院藏）、《簪花仕女图》（辽宁省博物馆藏）

---

2 内蒙古文物考古研究所、阿鲁科尔沁旗文物管理所：《内蒙古赤峰宝山辽壁画墓发掘简报》，《文物》1998年第1期。
3 参见《颜氏家训》卷第二"风操第六"。今考古出土品中有山西大同的北魏司马金龙墓灵床漆画屏风，西安出土北周安伽墓石刻彩绘贴金灵床屏风，天水出土隋代石刻屏风等作品。

等作品中，我们可以看到一个十分相同的结构方式，画面用叙事性的横向构图来铺叙情节。这种手法在张萱的《捣练图》上表现为三段宫女制练的情节，每段情节既相互关联，又各有中心。《虢国夫人游春图》人物分成前后两组，表现的则是一个出游的完整情节。周昉是师承张萱又有新创造的仕女画家，《挥扇仕女图》被认为是他的代表作。在这幅长卷中，宫女的生活分别画成独坐、抚琴、对镜、刺绣、倚梧等情节，巧妙地运用秋桐及纨扇等道具点醒"秋风纨扇"这一宫怨主题，人物情节看似散漫，但立意却十分明确，全画构思精密，表现整体而简洁。辽宁省博物馆收藏的《簪花仕女图》虽是一件归属有争议的作品，但画面的结构方式和分段表现宫女生活情节的手法与《挥扇仕女图》同出一辙，也是一幅表现宫怨主题的画。因此，用这幅画来观察周昉的画风仍有它的价值。张萱和周昉的这些传世之作通过特定的情节建立的横向叙事性构图，开创了唐代宫怨体仕女画的新面貌。宝山辽墓壁画《寄锦图》采用的也是横向叙事性的构图，画面人物按照情节作横列式的排列，依主次略有前后大小的变化。以苏若兰为中心的六位女子从画面的右边向左行进，到画幅左面的挑夫处结束，挑夫是画面情节的终点，也是观画者视线的停留处。这种结构画面的手法在《簪花仕女图》上也能看到。《簪花仕女图》中的仕女虽是两两相对的组合，但画面的方向感是由右向左行进的，在画幅的左端，画家用湖石花树和转身回望的仕女作为结束，观者的视线到此戛然而止。壁画和绢画结构手法如此地贴近，似在说明二者之间的联系。

其次是比较人物的造型姿态。壁画《寄锦图》中的女子在走向挑夫时，因手中的持物不同，其姿态也有变化，但动态都很优雅含蓄，与周昉画中的仕女有某种共同处。明显可作比较的人物有两组，第一组是壁画左端挑夫前的仕女与《簪花仕女图》左端花树前的仕女，两位女子在画面的位置相同，都作转身回望的姿势，在画上也都起着视觉终端的作用。回望的形体样式相同，神态也十分相近。第二组是壁画中的主角苏若兰与《簪花仕女图》中段手中拈花的女子，她们同在画面的中央位置，在动态上虽有出手部位的高低之别，但手势和绕肩披帛的造型方式大体上一致，缓步趋前的神态间透着几分雍容和高贵，丰盈的面颊和插金戴花的鬓式体现的是唐代中后期仕女人物画的典型特征，相同风格的仕女形象我们在敦煌石窟唐代供养人壁画和考古发现的唐代墓室壁画中都可以找到足够的实例。

通过上述的比较，我们基本上可以建立起一个唐画图本的印象。按《宣和画谱》的著录，唐代画家中画过《织锦回文图》的只见有张萱和周昉，而他们的传世画与宝山辽墓壁画在结构方式和仕女的形象描绘上都十分地接近。分析至此，似乎可以得出这样的结论：宝山壁画《寄锦图》是临写的唐代《织锦回文图》，其祖本的创造者是张萱或周昉。

三、李公麟所见唐本《织锦回文图》的格制

《织锦回文图》除宝山辽墓为我们提供的一种唐画图本外，至少还存在过另外一种画面情节较复杂的本子。在宋哲宗元祐三年（1088），屯田陈侯家中藏有一件视为"唐真本图"的《织锦回文图》，画为一组六幅，画家李公麟较详细地记述了这组画的布局和每幅画面的具体情节：

> 右三为若兰所居重楼复屋。户牖间各作著思，练丝织锦，遣使处。左三为窦滔归第。外为车马相迎，次女伎坐大氍毹合乐其间，楼阁对饮处。图中近上作远水红桥，窦临高列骑，拥旌旄以望之，桥之西毡车从数骑排引见，滔盛礼迎苏。图中近下左书武后序，右为诗图。[4]

按李公麟的描述，这组唐画采用的是左三、右三的对称布局，分别画苏若兰织寄回文锦和窦滔返第迎接苏氏的场面。从文义逻辑上看，李公麟是将这组画当作一幅画来谈的，叙述的线索依据故事的情节由画面的两边向中间汇合。如果将这六幅画按李公麟的记述试作拼合，大体可以建立起一件六扇式屏风画的概念。屏风画是分别从左右两边向中央集中，画面的序列略如图示【图1】，高潮即放在中间的"楼阁对饮处"。这样两翼对称、中央集中的结构是隋唐时期六扇式屏风画的常见格制，类似的屏风画已见多例出土。

如西安唐墓出土的《树下仕女图》【图2】屏风壁画（陕西历史博物馆藏），六扇画面采用的即是左三右三的构图方式，画中的人物分别从左右向中央行进，中央的两幅则是相向而坐、奏乐唱和的女子。吐鲁番阿斯塔那张礼臣墓出土的六扇乐舞屏风绢画，也是左右相向而立的对称格制。[5]日本正仓院收藏的唐代《树下仕女

4　丁福保：《全汉三国晋南北朝诗》之《全晋诗》卷七；逯钦立：《先秦汉魏晋南北朝诗》之《晋诗》卷一五。

5　参见金维诺、李遇春：《唐代西州墓中的绢画》，《文物》1975年第10期。

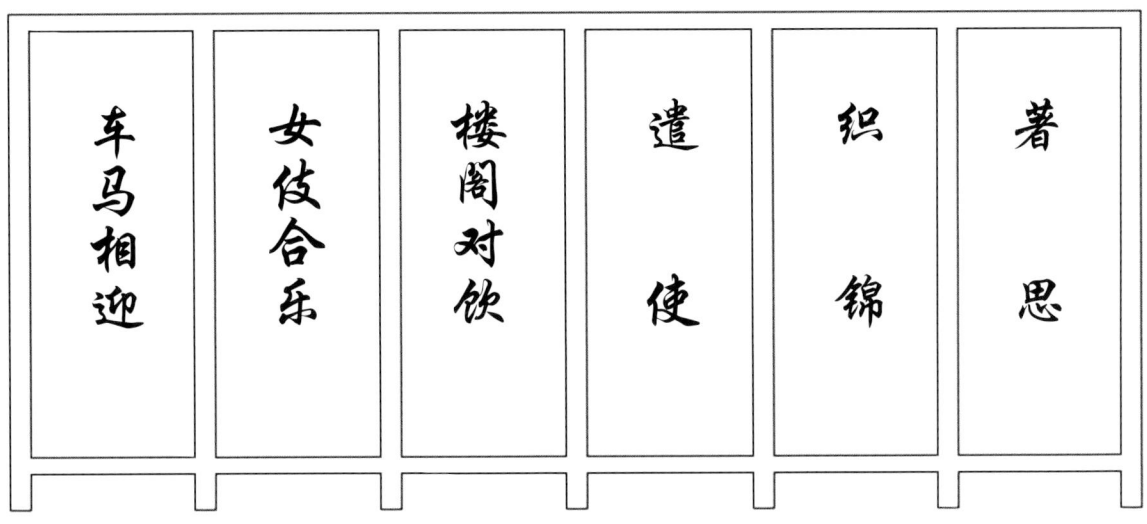

图 1　李公麟所见之《织锦回文图》屏风画示意图

图 2　西安唐墓出土的《树下仕女图》屏风壁画

图》绢画，同样是六幅一组的屏风画，其对称结构与西安出土的屏风画基本相同。这些唐代屏风画所呈现的结构方式是相同的，据此或可以用来说明李公麟描述的《织锦回文图》的时代特征。

　　李公麟记述的唐画《织锦回文图》，除了采用了唐代六扇式屏风画常用的对称结构外，更有意味的是将楼阁对饮的画面安排在了中央。画家选用楼阁对饮的情节，可看作是隋唐之际胡化的风气在绘画上的表现。近年在西安、太原、天水等地相继发现了带有明显中亚粟特艺术特点的灵床石刻屏风画像，屏风用整齐的石块以三、六为基数拼装组合，固定在灵床的两头和内侧，画面由两头走向中央，最后集中到内侧屏风的中央画面上。画在中间形成高潮，主题则是对饮歌舞的场面。如太原市王郭村发现的隋开皇十二年（592）虞弘墓石椁屏风画，内侧中央的画面即是楼阁对饮和歌舞的场面。虞弘墓石椁屏风画采用浮雕彩绘的手法，人物造型及题材风格带有浓厚的波斯拜火教和粟特艺术的特征，这与墓主人曾有过"检校萨宝府"的经历关系极大。[6]1982年天水市博物馆发现了一件隋唐之际带石刻屏风的灵床，正中央的画面雕刻出楼阁虹桥，楼阁内是对坐宴饮的人物，两侧的画面呈对称的排列。在这件石刻灵床座间，还雕刻出跪坐的胡人伎乐和怪兽图像，风格也不出自中原的传统。[7]隋唐时期使用中亚粟特风格的石刻灵床屏风，其风气在北朝后期已经开始，见于文献的有北齐人颜之推的《颜氏家训》，[8]代表性的实物见2000年于西安出土的北周大象元年（579）的安伽墓。安伽生前曾任同州府萨宝，死则按拜火教葬俗，墓中放置彩绘贴金的石刻屏风灵床。灵床上的屏风共十二扇，内侧六扇，两档各三扇，画面呈对称式的结构，正中央的画面即是楼阁对饮的内容。[9]这些石刻灵床屏风有两个共同的特征：一是题材和造型风格具有典型的拜火教和粟特的艺术特点；其二是屏风画采用对称式的结构，正中央的画面主题通为楼阁对饮。由于胡化风气的作用，唐代绘画艺术表现出极大的丰富性和互补的特征，这其中的时代气息是唐以后的艺术所不具备的。

6　山西省考古研究所、太原市考古研究所、太原市晋源区文物旅游局：《太原隋代虞弘墓清理简报》，《文物》2001年第1期。

7　天水市博物馆：《天水市发现隋唐屏风石棺床墓》，《考古》1992年第1期。

8　《颜氏家训》卷第二"风操第六"："思鲁等第四舅母……有第五妹，三岁丧母，灵床上屏风，平生旧物，屋漏沾湿，出曝晒之，女子一见，伏床流涕。"是知带屏风的灵床是北朝时为死者所用，也叫"灵座"，今考古出土品中年代较早的实物是山西大同的北魏司马金龙墓石灵床漆画屏风。现考古报告对这类屏风式的灵床叫法不一，或称石棺床、围屏石榻等不一，似应依《颜氏家训》称作"灵床"为好。

9　陕西省考古研究所：《西安发现的北周安伽墓》，《文物》2001年第1期。

问题已经很清楚，李公麟记述的应是唐人创绘的第二种《织锦回文图》的图本，它不同于宝山辽墓的独幅画形式，而是六扇式屏风画的格制。

四、武则天《织锦回文记》与《织锦回文图》的创绘

《织锦回文图》的两个唐人图本分别由宝山辽墓壁画和李公麟的著录而获得印象，就画面叙事手法而言，壁画突出的是苏若兰遣使寄回文锦的典型情节，而屏风画则是在讲述一个曲折完整的故事，六幅画中也有遣使寄回文锦的情节，可见这两个图本在创绘时有可能依据同一个故事来源。这个故事来源也由李公麟记录了下来，他在描述过画面之后，又明确指出"图中近下左书武后序，右为诗图"。也就是说，这幅唐画图本的依据就在"武后序"和"诗图"中。

按"武后序"即是武则天的《织锦回文记》，原文写于如意元年（692），收录在《全唐文》中，兹全文移录下来：

织锦回文记

前秦苻坚时，秦州刺史扶风窦滔妻苏氏，陈留令武功道质第三女也，名蕙，字若兰。识知精明，仪容秀丽，谦默自守，不求显扬。行年十六，归于窦氏，滔甚敬之。然性近于急，颇伤嫉妒。滔字连波，右将军子真之孙，朗之第二子也。风神秀伟，该通经史，允文允武，时论高之。苻坚委以心膂之任，备历显职，皆有政闻，迁秦州刺史，以忤旨谪戍敦煌。会坚寇晋襄阳，虑有危逼，籍滔才略，诏拜安南将军，留镇襄阳焉。初滔有宠姬赵阳台，歌舞之妙，无出其右。滔置之别所，苏氏知之，求而获焉，苦加捶辱，滔深以为憾。阳台又专形苏氏之短，谗毁交至，滔益忿焉。苏氏时年二十一，及滔将镇襄阳，邀其同往，苏氏忿之，不与偕行，滔遂携阳台之任，断其音问。苏氏悔恨自伤，因织锦回文，五彩相宣，莹心耀目。其锦纵横八寸，题诗二百余首，计八百余言。纵横反覆，皆成章句。其文点画无缺，才情之妙，超今迈古，名曰璇玑图，然读者不能尽通。苏氏笑而谓人曰：徘徊宛转，自成文章，非我佳人，莫之能解。遂发苍头，费至襄阳焉。滔省览锦字，感其妙绝，因送阳台之关中，而具车徒盛礼邀迎。苏氏归于汉南，恩好愈重。苏氏著文词五千余言，属隋季丧乱，文字散落，追求不获，而锦字回文，盛见传写，是近代闺怨之宗，旨属文士咸龟镜焉。朕听政之暇，留心坟典，

散佚之次，偶见斯图。因述若兰之才，复美连波之悔过，遂制此记，聊以示将来也。如意元年五月一日，大周天册金轮皇帝御制。[10]

此记文中将苏若兰织寄回文锦的缘起和故事经过叙述得很清楚，其中关键的情节被画家选来作画。如屏风画右三幅描绘苏若兰"著思""织锦""遣使"的画面即是依《记》中"苏氏悔恨自伤，因织锦回文"和"遂发苍头，赍至襄阳"的一段描写构思的。左三幅表现"窦滔归第"一节，则是画家按"滔省览锦字，感其妙绝……而具车徒盛礼邀迎。苏氏归于汉南，恩好愈重"的意思所做的形象化描绘，出典十分清楚。辽墓壁画所用的图本尽管只选取了遣使的情节，但与武则天《记》的关系同样很明了。因为在武则天作《记》文之前，苏若兰织寄回文锦的故事就在社会上有流传，但都没有"遂发苍头"这样实在的内容，故事也没有这么曲折。最早见于文字记载的是东晋王隐的《晋书》，故事称：

> 窦滔妻苏氏，善属文。符坚时，滔为秦州刺史，被徙流沙，苏氏思之，织锦为回文诗以寄滔，循环婉转以读之，词甚凄切。[11]

故事的这个原样一直保持到初唐，房玄龄撰修《晋书》时，字句几乎没有动过。[12] 故事情节发生变化，大概是从李善（630—689）注《文选》时开始的。《文选》"江淹《别赋》李善注"：

> 织锦回文诗序曰：织锦曲兮泣已尽，回文诗兮影独伤。窦韬［滔］秦州被徙流沙，其妻苏氏，秦州临去别苏，誓不更娶，至沙漠，便娶妇，苏氏织锦，端中作此回文诗以赠之。符国时人也。[13]

李善注引中演绎出了窦滔背誓娶新妇的情节，为后来的故事新编做了铺垫。

10　《全唐文》卷九七《高宗武皇后》，上海：上海古籍出版社影印本，第440页。

11　《太平御览》卷八一五《布帛部·锦》引王隐《晋书》。

12　《晋书》卷九六《列女传》，北京：中华书局。

13　《文选》卷一六《别赋》，上海：上海古籍出版社。

武则天的《织锦回文记》是有关苏若兰故事最丰富的版本，增加了以前不见的许多细节，其结果是将最初妻子思念丈夫的初衷，改编成了妻子与丈夫经历过感情波折后的破镜重圆，织寄回文锦的原意经此改编后已经变了味。武则天读到的是晚出的版本，她为之作记一"因述若兰之才，复美连波之悔过"。正因为有武则天的这篇《记》文中"遂发苍头"的具体细节，唐画图本中才出现了"遣使"的具体描写。同样，这也是《织锦回文图》成为唐画新题材的原因之一。

（原刊于 2006 年台湾艺术大学《书画艺术学刊》）

彩色图版

图 1

图 2

图3

图1　1号墓墓顶结构与装饰
图2　1号墓墓室四角半明立柱上方的影作
彩绘斗栱装饰（柱头铺作）
图3　1号墓墓室西壁与石室西侧外立面上
的仿木构彩绘装饰
图4　1号墓西侧廊壁面上方的仿木装饰以
及墓顶西披的云气火焰宝珠纹图案

图4

165

图5

图6

图5　1号墓前室南壁壁画
图6　1号墓东侧廊壁面上方的仿木装饰
以及墓顶东披的云气火焰宝珠纹图案
图7　1号墓穹隆顶卷云火焰宝珠纹图案
图8　1号墓穹隆顶南披卷枝花卉纹图案

图 7

图 8

图 9

图 11

图 9　1 号墓前室南壁墓门东侧男吏图
图 10　1 号墓前室南壁墓门东侧男吏图（局部）
图 11　1 号墓前室南壁墓门西侧女仆图
图 12　1 号墓前室南壁墓门西侧女仆图（局部）

图 10

图 12

图 13

图 14

图 15

图 16

图 17

图 18

图 13　1 号墓墓室西壁所绘侍者队列
图 14　1 号墓墓室西壁所绘南起第一位侍者
图 15　1 号墓墓室西壁所绘南起第二、三位侍者

图 16　1 号墓墓室西壁所绘南起第六、七位侍者
图 17　1 号墓墓室西壁所绘南起第七位侍者（局部）
图 18　1 号墓墓室西北角壁画

图 19

图 20

图 21

图 22

图 23

图 24

174

图 25

图 26

图 23　1 号墓墓室东壁《驭者牵马图》
图 24　1 号墓墓室东壁《驭者牵马图》（局部）
图 25　1 号墓《驭者牵马图》中的彩绘贴金马鞍
图 26　1 号墓《驭者牵马图》中的马尾装饰

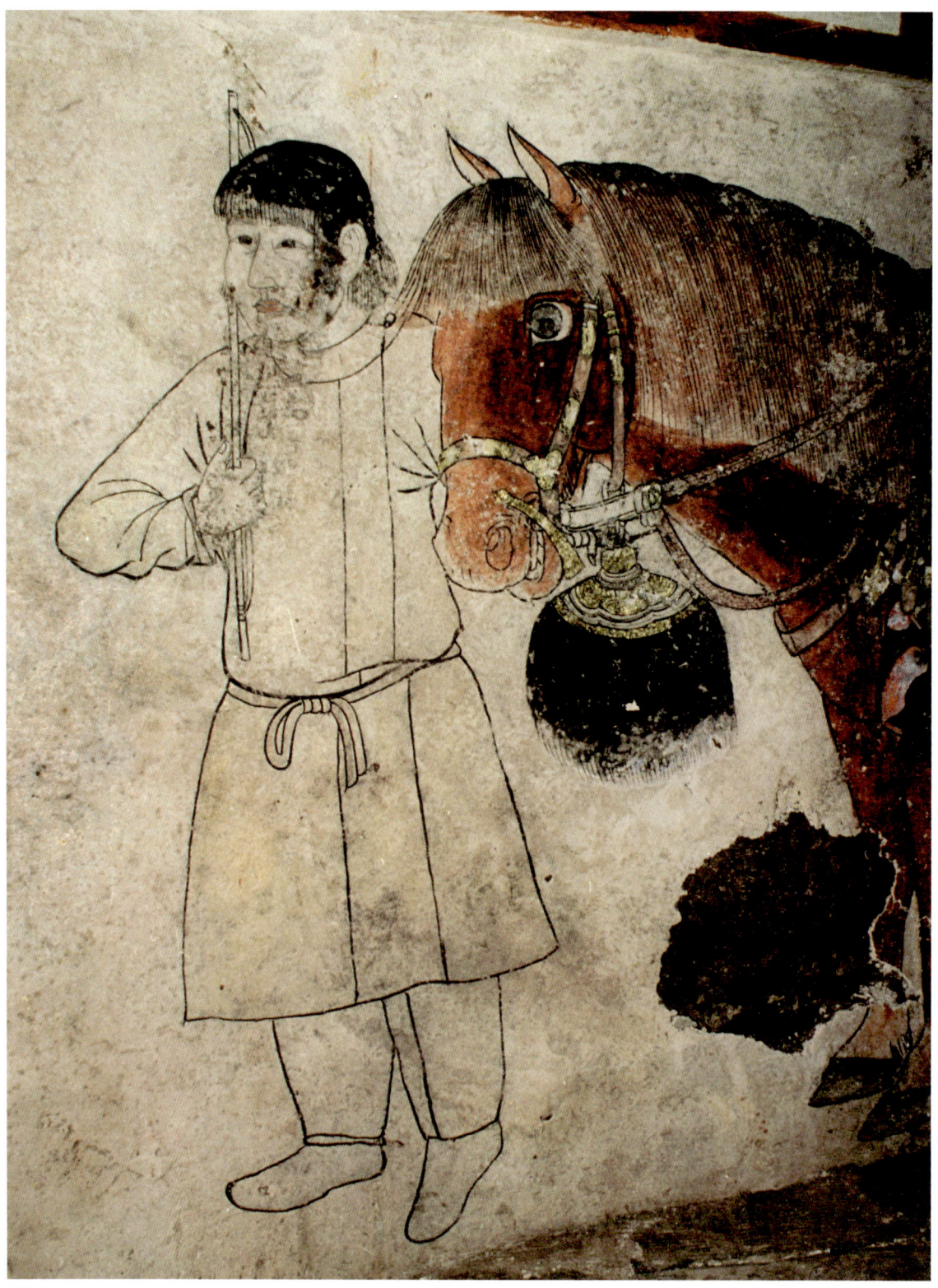

图 27

图 27　1号墓墓室东壁《驭者牵马图》中的驭者形象

图 28　1号墓石室正壁（外立面）门扉东侧壁画

图 28

图 29

图 30

图 29　1 号墓石室内南壁男侍形象
图 30　1 号墓石室内南壁女仆形象
图 31　1 号墓石室内东壁壁画《降真图》
图 32　1 号墓石室内东壁壁画《降真图》（局部）

图 31

图 32

图 33

图 33　1 号墓石室内北壁壁画《厅堂图》
图 34　1 号墓石室内北壁壁画《厅堂图》（局部）
图 35　1 号墓石室内北壁壁画《厅堂图》（局部）

图 34

图 35

181

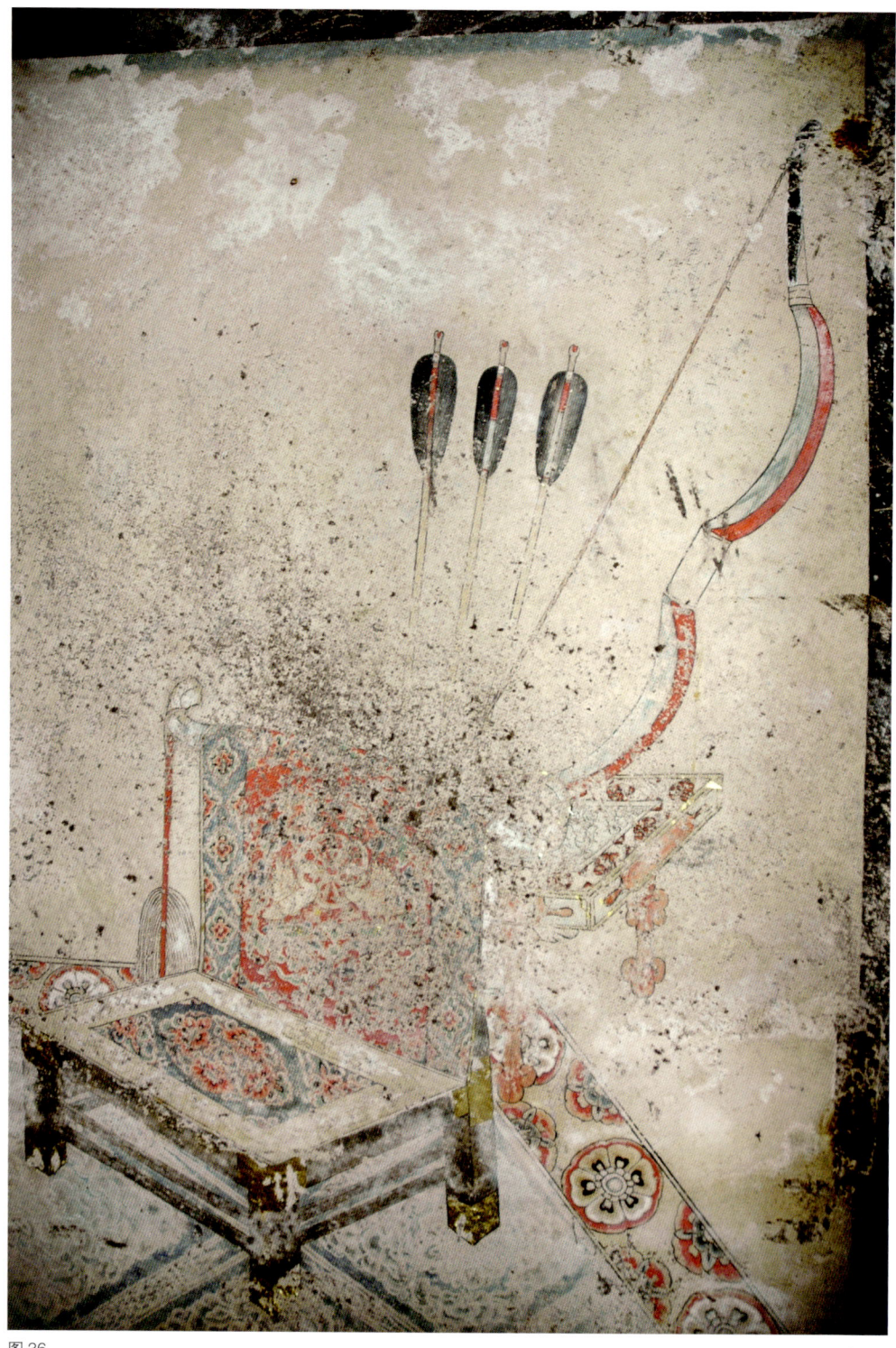

图 36

图37

图38

图36　1号墓石室内北壁《厅堂图》（局部）
图37　1号墓石室内北壁《厅堂图》中绘制在座椅上的花卉图案
图38　1号墓石室内北壁《厅堂图》中绘制在座椅上的双雁图案

图 39

图 40

图 41

图 42

图 39　1 号墓石室内西壁壁画
图 40　1 号墓石室内西壁壁画（局部）
图 41　1 号墓石室内西壁壁画（局部）
图 42　1 号墓石室内西壁壁画（局部）

图 43

图 43　2 号墓墓门内侧

图 44　2 号墓石室正面南
侧过梁下木门

图 45　2 号墓墓室顶部立
柱及其上方的叠涩穹窿顶

图 46　2 号墓墓室封顶石
团花图案

图 47　1 号墓石室内顶部
《云鹤图》（局部）

图 44

图 45

图 46

图 47

187

图 48

图 49

图 50

图 51

图 52

图 53

图 54

图 52　2号墓石室内东壁墓门两侧的女仆形象
图 53　2号墓石室内东壁墓门南侧女仆（局部）
图 54　2号墓石室内东壁墓门北侧女仆（局部）

图 55

图 56

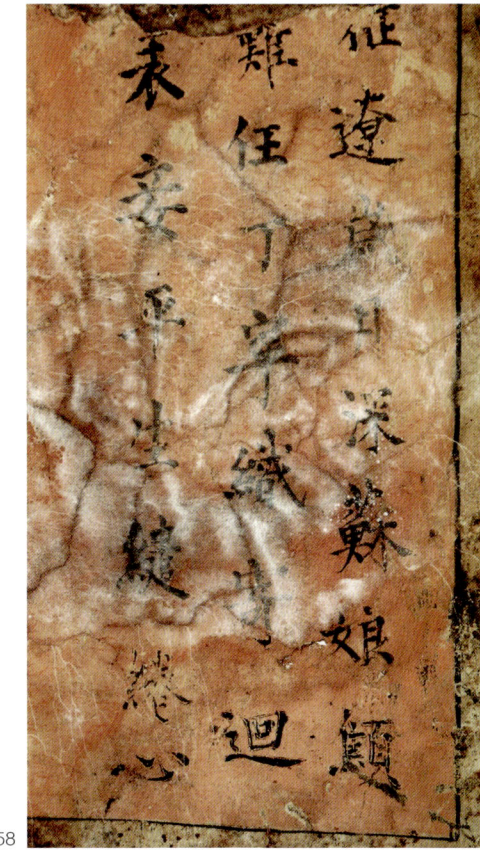

図57

图55　2号墓石室内南壁《寄锦图》
图56　2号墓石室内东南角
图57　2号墓石室内南壁《寄锦图》（局部）
图58　2号墓石室内南壁《寄锦图》左上角之墨书题诗

图58

图 59

图 59　2 号墓石室内南壁《寄锦图》（局部）
图 60　2 号墓石室内南壁《寄锦图》中的担夫形象（局部）

图 60

图 61

图 62

图 61　2 号墓石室内南壁《寄锦图》中的女主人与侍女形象（局部）

图 62　2 号墓石室内南壁《寄锦图》中的女主人（局部）

图 63

图 63　2 号墓石室内南壁《寄锦图》中的捧笔砚侍女（局部）
图 64　2 号墓石室内南壁《寄锦图》中的捧包裹侍女（局部）

198

图 64

图 65

图 65　2 号墓石室内南壁《寄锦图》中的捧座侍女（局部）
图 66　2 号墓石室内南壁《寄锦图》中的捧盒侍女（局部）

图 66

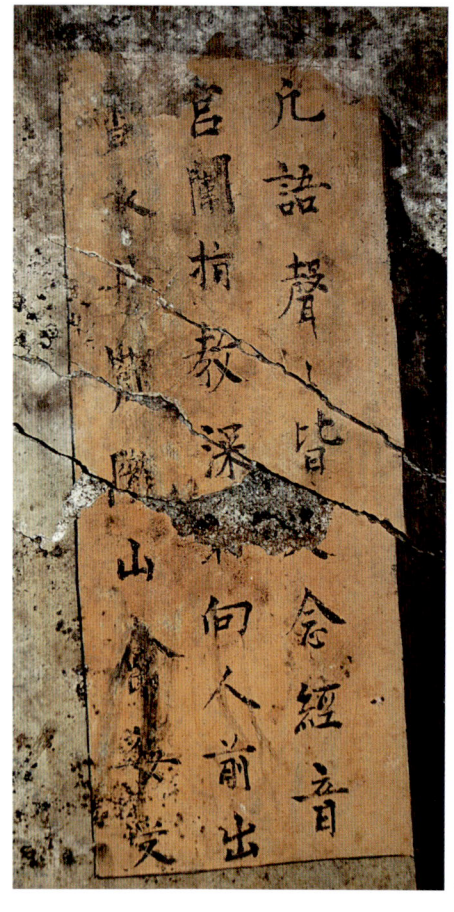

元語聲皆
宮閣捐教深
念經音
向人前出
昔永□□□隴山僧□受

图 68

图 67　2 号墓石室内北壁《颂经图》
图 68　2 号墓石室内北壁《颂经图》右上角之墨书题诗
图 69　2 号墓石室内北壁《颂经图》（局部）

图 69

图 70　2 号墓石室内北壁《颂经图》中的持扇侍女（局部）

图 71　2 号墓石室内北壁《颂经图》中的捧净盆侍女（局部）

图 72

图 72　2 号墓石室内北壁《颂经图》（局部）
图 73　2 号墓石室内北壁《颂经图》中的植物与侍者（局部）

图 73

207

图74 2号墓石室内北壁《颂经图》中的红衣侍女（局部）

图 75　2 号墓石室内北壁《颂经图》中的蓝衣侍女（局部）

图 76

图 76　2 号墓石室内北壁《颂经图》中的男性侍吏（局部）

图 77　2 号墓石室内北壁壁画《牡丹图》

图 78　2 号墓石室内北壁壁画《牡丹图》（局部）

图 77

图 78

211

图 79　2 号墓石室内天顶中央部位的团花图案